基于现代学徒制市场营销专业实践教学体系构建

凌 利 黄浩伶 著

中国纺织出版社有限公司

内 容 提 要

现代学徒制是解决当前市场营销专业人才培养与企业用工需求脱节这一矛盾的突破口。本书从现代学徒制的角度出发，结合市场营销专业的特点，对现代学徒制的内涵、现代学徒制在国内运用现状、高职院校市场营销专业的特色、市场营销专业教学存在的问题、现代学徒制人才培养模式的优势、学徒制模式下市场营销专业实践教学体系的构建、现代学徒制市场营销专业人才培养质量评价体系等方面进行了探索，以期在建立可持续的现代学徒制人才培养模式上起到抛砖引玉的作用。

图书在版编目(CIP)数据

基于现代学徒制市场营销专业实践教学体系构建 / 凌利，黄浩伶著. -- 北京 : 中国纺织出版社有限公司，2021.8

ISBN 978-7-5180-8766-2

Ⅰ. ①基… Ⅱ. ①凌… ②黄… Ⅲ. ①高等职业教育—市场营销学—学徒—教育制度—研究 Ⅳ. ①F713.50

中国版本图书馆 CIP 数据核字（2021）第 160455 号

责任编辑：邢雅鑫　　责任校对：高　涵　　责任印制：储志伟

中国纺织出版社有限公司出版发行
地址：北京市朝阳区百子湾东里 A407 号楼　邮政编码：100124
销售电话：010—67004422　传真：010—87155801
http://www.c-textilep.com
中国纺织出版社天猫旗舰店
官方微博 http://weibo.com/2119887771
三河市宏盛印务有限公司印刷　各地新华书店经销
2021 年 8 月第 1 版第 1 次印刷
开本：787×1092　1/16　印张：10.75
字数：209 千字　定价：62.00 元

凡购本书，如有缺页、倒页、脱页，由本社图书营销中心调换

前言 PREFACE

现代学徒制是市场经济和社会经济发展的产物，具有社会性和经济性，将它合理应用于市场营销专业实践教学，不但有利于市场营销专业教学质量和效益的提高，还有利于完善和创新市场营销专业教学体系，它是由学校转向工作的关键措施，是学校教育与就业之间的过渡带，即从学校到学徒制，再从学徒制到就业，是学生适应社会和工作岗位的最佳途径。在日常生活中，不管企业多么有经验，学生理论有多强，学生从学校到社会工作都需要一个过渡期，只是不同培养模式下的过渡期时间不一样，而现代学徒制下的市场营销专业实践教学过渡期是最短的，因此，我们要加强市场营销专业实践教学体系的构建力度，以此提高市场营销专业教学质量和效率，这有利于提高学生实践能力、适应能力、应变能力和生存能力。

传统的学徒制是指实际教学过程中，学生在教师的引导下与教师共同生产、共同劳动，在这个过程中，教师的主要任务是指导学生学习相关技能，学生的任务则是听取教师的指导意见，对相关的技能进行学习。我国传统学徒制始于奴隶社会，发展于封建社会，完善于隋唐，具有很强的历史性和古板性，在一定程度上不利于学生能力的提高，因为在传统学徒制下的教学是以教师为主体，导致学生实践能力的提高受到限制。

现代学徒制是解决当前市场营销专业人才培养与企业用工需求脱节这一矛盾的突破口。现代学徒制在信息环境下产生，具有培养方式多样化、信息化，培养主体多样化和技能专业化等特点。现代学徒制根据传统学徒制与现代职业教育制定，它同时体现出传统学徒制和现代职业教育的特点和性质，具体表现形式是企业与学校联合招生，师傅与教师联合传授技能和知识，实现了产教融合、企校合作、工学结合、企校双元育人和学生的双重身份，更有利于学生实践能力的提高，尤其是市场营销专业的学生。《基于现代学徒制市场营销专业实践教育体系构建》从现代学徒制的角度出发，结合市场营销专业的特点，对现代学徒制的内涵、现代学徒制在国内运用现状、高职院校市场营销专业的特色、市场营销专业教学存在的问题、现代学徒制人才培养模式的优势、学徒制模式下市场营销专业实践教学体系的构建、现代学徒制市场营销专业人才培养质量评价体系等方面进行了探索，以期在建立可持续的现代学徒制人才培养模式上起到抛砖引玉的作用。

著者

2021.6

目录 CONTENTS

第一章　导论

第一节　研究背景

我国目前的职业教育尚不能完全适应经济社会发展的需要，具体表现在结构不尽合理、办学条件薄弱、体制和机制不畅、质量急需提高等方面。为满足我国经济发展的需要，培养中高级技能型人才，我国的职业教育亟待改革，探索和创新一种能够改变目前职业教育困境的教育方法迫在眉睫。

现代学徒制是一项由企业和学校共同推进的新的育人模式，体现企业与学校的深度合作、教师与师傅的联合传授。与传统的课堂教学模式相比，这种模式可以更好地适应劳动市场需求，有利于促进行业、企业参与职业教育人才培养的全过程，实现专业设置与产业需求对接、教学过程与生产过程对接，提高人才培养的质量和针对性；有利于服务当前经济社会发展的要求，推动职业教育体系和劳动就业体系互动发展，打通和拓宽技术技能人才培养和成长通道；有利于学生顺利实现从学校到企业的过渡，降低失业率。作为职业教育的主体，高职院校正在探索现代学徒制这种新的教学模式。一方面，在企业参与到人才培养的过程中，通过师傅与教师讲练结合的方式，在导师的经验引领与权威感染下，有效降低理论知识学习的难度，缩短理论与实际之间衔接的时间，提高学生的学习兴趣，并且在模拟情境中能够使学生较快掌握核心技术；另一方面，是实现毕业即就业、零距离上岗的有效途径。通过学徒制培养，很多学生的特长和特点能够得到体现，在毕业时可以被培训的企业录用，实现“毕业即就业”，同时对培养学生职业意识，提高他们的责任心和自我判断能力，进行职业规划具有重要作用。

第二节　研究综述

一、国外研究综述

经过整理与分析发现，国外对现代学徒制的研究远远早于国内研究，其研究内容也更丰富更成熟，理论研究与实践研究交相辉映。

（一）学徒制发展史研究

目前国外尚未有对学徒制发展历史的系统概述和理论分析，日本学者细谷俊夫在《技术教育概论》一书中认为学徒制是一种古老的职业教育形态，起源于父子相传，在中世纪发展兴盛，后来随着工业革命的发展，生产技术的不断提高，职业学校的出现，导致学徒制逐渐衰落。还有的学者通过整理分析历史上保留下来的学徒合同、档案等对学徒制中的法律、契约规范以及权利分配进行研究，例如，Wallis.P 通过对相关历史资料的整理分析，介绍了早期英国伦敦学徒在学徒期间的状况，分析了劳动、法律和培训之间的联系。

在对学徒制的历史研究中，国外学者着重研究了中世纪行会制度，较早的斯科特通过对一手历史资料的研究和分析，介绍了中世纪行会制度的发展历程，揭露了由兴及衰的原因。1996 年斯内尔对英国学徒制进行了研究，着重介绍了工业前英国国家管制下的学徒制、1750 年后传统学徒制度的衰落及其原因、19 世纪学徒制的延续或重新制定。德辛格和赫尔维格对德国学徒制的发展中形成的重要制度进行了研究，认为职业培训大多发生在双重体制中，是德国学校教育的主要非学术路线，德国学徒制具有很强的文化传统，其重视工艺培训的源头可以追溯到中世纪。

（二）现代学徒制本质属性和基本特征研究

虽然学徒制是目前较普遍的职业教育形态，但不同的国家由于文化背景和社会发展阶段的不一样，有不一样的称谓，对现代学徒制的本质属性和基本特征的解释也不一样。Philipp Gonon 认为现代学徒制是一种现代性的学习途径，其特点是在特定的地点进行学习，Fuller.A 和 Unwin.L 将现代学徒制解释为在社会各方的支持和参与中，个体在某个岗位发展为合格的、被大家认可的过程，其主要特征是扩张性和限制性。德辛格和赫尔维格认为德国学徒制度是一种基于制度的培训方法，主要遵循两个原则，一是学术路线的学习和培训，即学习的二元论，在职和非在职都可以进行职业培训，培训不仅仅是一种就业形式，还是一种教育形式，二是职业原则，所有职业双系统内的专门培训，都应该达到国家资格职业培训法规定的标准。

戴维兰西从大量有关儿童学习工艺的文献中提炼出 11 个属性，认为这 11 个属性构成了原型学徒制，并提出学徒制的设计是为了训练新手掌握特定的工艺或贸易技能，同时让他们融入社会和文化精英之中。目前较官方的定义来自欧盟委员会、欧洲学徒联盟，这两个组织将“以企业为本位的岗位培训和以学校为主的职业教育课程、国家资格证书”定义为现代学徒制的核心特征。

（三）现代学徒制中师徒关系的研究

学徒制中的师徒关系是指学徒培训过程中师傅与学徒之间所有关系的综合，主要包括教育、生活、就业，国外对于学徒制中的师徒关系研究较少。史提芬·史密斯提出十七世

纪的英格兰，是一个宗法社会，仆人、学徒和住在雇主家中的人皆是家庭成员，雇主或师傅拥有绝对的权威，但学徒和雇主之间的关系是契约性的，不是自然的，学徒的权力是低于家庭的孩子的，而雇主的权威也是高于父亲的。

总的来说，传统学徒制中的师徒关系是一种不平等的关系，雇主或师傅享有至高无上的权益，甚至于出现剥削徒弟的现象。近代学校教育的普及，使得现代学徒制成为一种基于学校教育和职业培训相结合的正规职业教育，师徒关系转变为民主平等。蒙克豪斯对医学领域的学徒制进行了详细的研究，介绍了当时医学领域现代学徒制盛行的原因——基于导师和学徒之间的合作关系。

（四）现代学徒制教学论的研究

学徒制主要是用来进行职业培训的，其教学论不同于普通教学或学术教育，学徒制更适用于从事非学术学习的学生，国外学者针对现代学徒制的教学进行了研究。较为早期的是“默会知识”这一概念的提出，又称“隐性知识”“缄默知识”，所谓默会知识，是指无法用语言文字应用等具体化形式表现出来的知识，基于这一概念，波尼兰认为学徒制是十分重要的，这一教育形式可以将一些无法言传的技艺通过师傅带徒弟传承下去。

莱夫和温格提出了三个关键概念：实践共同体、合法的边缘性参与和学徒制，对现代学徒制教学论的论述主要体现在——合法的边缘性参与这一概念上，所谓合法，是指所参与的实践共同体是认可学徒的身份的，并且这个共同体中的资源和机会对学徒是开放的，学徒是实践共同体中的正式一员。所谓边缘，是指学徒从实践的边缘逐渐向核心位置转化的过程，学徒刚开始进入这个共同体，只被要求和学习一些简单的仅能，随着技能的不断增长，逐渐被要求从事较复杂和重要的工作，进入实践共同体的核心。参与是指学徒或多或少地参与工作。沃勒科通过个案研究，将学徒学习的过程定义为在与专家合作的真实岗位工作过程中，通过观察、提问、模仿而获得技能和相关的情境性知识的内化过程。

劳耐尔认为学徒制是规范地重叠过渡到工作岗位的。斯图尔特将认知学徒理论作为一种教学模式，并认为其在情境学习范式中发展。认知学徒理论来源于传统的师傅带徒弟模式，在非正规教学环境中教授的手工艺，但它已经适应了“认知”或智力领域。

（五）现代学徒制的成本与收益研究

贝克通过对一般技能和特殊技能的划分，指出一般公司不愿意对一般技能培训进行投资，更倾向于对特殊技能培训的投资，因为一般技能的培训面向大部分公司，这样投资培训的公司可能会面临员工跳槽的风险，收益较小，因此培训成本由受训者和公司共同承担，一般技能培训的费用由受训者负责承担，公司负责承担技能培训的费用。

霍克尔通过对 16 个国家职业教育培训成本的研究分析，指出即使在澳大利亚这种数据很丰富的国家，也很难厘清培训支出中个人、雇主和政府的具体承担数据，在许多国家经济衰退期间，国家对学徒教育的补贴更多。阿西莫格鲁指出，有些公司为了提高收益，对受训者设立了低于边缘劳动力的工资，以此来进行成本分担，Oliver. D 指出了通过职业教育培训与人力资源的联系，指出了积极奖励对学徒培训的影响。

还有学者针对学徒制的投资风险进行了专门的研究，认为普通学校教育的职业流动性低于学徒培训，即学徒培训的投资风险很大，尤其是在当今技术发展较大的情况下，很可能受训人员所掌握的技能已经不是企业所需要的技能，这大大降低了青年选择学徒制的可能性。

关于学徒制的投资回报率，迈克英特斯通过对英国现代学徒制的研究，进行了详细的计算，得出政府在学徒培训上的投资回报率是高于其他职业培训的，在 2 级和 3 级学徒制上，会产生 1∶16 的投资回报。

二、国内研究综述

目前，我国对现代学徒制的探索刚刚开始，主要是从制度、教学、课程、师资等方面进行研究的。

（一）现代学徒制制度属性的研究

现代学徒制是西方国家的一种职业教育制度，这种职业教育制度的基础是校企合作培养人才，将传统学徒培训与现代学校职业教育相结合。我国很多学者从国家层面的制度管理上进行研究，认为与其他先进国家相比，我国现代学徒制的制度建设层面有很多缺失，例如，张启富认为与其他国家相比，我国在推行现代学徒制试点过程中，国家部委级单位在组织利益相关方制定学徒培训标准方面严重缺位，对学徒培训应达到的专业知识、专业技能的标准也没有做出要求。在教学过程的监管、教学条件的保障、教学结果的评估等方面未出台详细的措施。针对存在的问题的不同方面，一些学者也提出了相对的建设策略：赵鹏飞、陈秀虎针对现代学徒制政策环境条件建设提出了建设专项经费、减免税收、学徒权益保障、出台扶持我国实施现代学徒制的相关法律法规和政策等；黄广平认为现代学徒制度的构建主要需要处理各利益相关者之间的制度设计问题。

总之，建立现代学徒制，需要依靠法律手段为学徒的双重身份正名，利用学徒合同等方式保障学徒的合法权益，并给予政策福利。

（二）现代学徒制培养目标的研究

我国学者对现代学徒制人才培养目标的研究较薄弱，所能查阅到的文献很少，在较少地涉及现代学徒制人才培养目标的文献中，对其定位也非常模糊，较早的学者认为中国特色现代学徒制人才培养模式的培养目标是“具有必要理论知识和较强实践技能的高素质、技能型专门人才”。大部分学者是结合现代学徒制试点实践来定位现代学徒制人才培养目标的。潘建峰认为，学徒的培养定位要同时满足企业岗位技能需求和学徒终身发展的需求。校企双方需要分析岗位所需能力和学徒已有的能力，再定位学徒的培养。

关于现代学徒制的人才培养目标，大部分学者认为应该重视企业需求，满足企业用人

需求、工作岗位需求。还有部分学者提出现代学徒制的人才培养目标应考虑国家、行业的标准，并兼顾学徒的可持续发展能力。现代学徒制人才培养目标与每个参与主体息息相关，关于如何处理各个利益相关者对于人才培养的诉求，定位现代学徒制人才培养目标上的研究力度仍然不够。

（三）现代学徒制培养内容的研究

现代学徒制人才培养模式的培养内容包含课程体系、技能培养体系、素养教育体系，主要是由校内的理论课程和企业的实践课程组成的，目前我国学者对于培养内容的研究仍停留在课程体系上。德国“双元制”中的企业和学校根据各自的课程标准实施教学，在课程中贯穿模块化、职业化和标准化。现代学徒制重在培养工作能力，因此，现代学徒制的双元制课程体系还要强调“定岗双元”的特点。徐春梅就课程观、模式、目标、内容对我国现代学徒制课程体系提出了一些建设性建议，认为我国高职课程应该以工作过程为导向，企业主导，学校主体，课程目标要注重培养学生的综合职业能力，选择基础性强的适用于全行业的课程内容。

在我国，现代学徒制的课程体系结构以能力本位为学习目标，以工作任务为学习内容，课程形态主要是企业课程、项目课程和网络课程三种。马永良、何树贵等人从工作场所学习理论出发，分析了工作场所知识的特点，对企业课程进行了分类。

有的学者为了实现实施课程场所的多样性提出以项目代替课程。例如，有学者将企业作为课程开发主体，分析了学校和企业作为课程开发主体的存在的不同弊端，提出了行业协会应该发挥对行业信息的搜集功能，根据企业的类型和规模归纳所需人才的共性和特性，避免学校和企业在课程上的冲突。

总的来说，对于现代学徒制的课程内容，我国大部分学者认为要根据专业结合校企双方的优势，课程内容要保证理论与实践结合，理论教学与实践锻炼相联系，但在具体的推进过程中仍然存在种种问题，例如，某些现代学徒制试点专业试图对市场进行调研，重组课程内容，但实际上更新后的课程内容变化不多。现实中，职业院校师资、科研能力有限，进行课程开发的院校较少。

（四）现代学徒制培养方式的研究

关于现代学徒制人才培养模式的研究，研究者们从师资、教学安排和管理等方面进行了研究。赵鹏飞总结广东清远职业技术学院“双导师，双元育人”的人才培养方式，余瑞龙提出了双导师应共同进行安排课堂教学，学校专业教师“进企业实践”，企业导师深入融入校园课堂和学生之中。

唐燕从试点院校的实践中，总结出学校理论学习与企业实习实训相结合是学徒学习的特点，对为期 6 学期的培养时间给出了“2 学期学校 +1 学期企业 +1 学期学校 +2 学期企业”的具体学习时间和场所安排。当前，对现代学徒制人才的培养要依托真实实践项目，例如，参加技能大赛，通过设定企业学习日，规定企业每年为学徒提供不少于 3 个月的企业实习时间，保证学徒质量。独有的试点院校为学生建立了参与创新创业和技能竞赛来转化学分的制度。

总的来说，现代学徒制的人才培养主要是依托工学结合、理实一体化的教学模式，双导师承担主要的教学任务，但对于现代学徒制人才培养方式，研究者多从宏观上论述，缺乏深入的研究，对于现代学徒制培养过程多从管理学的视角进行研究，缺乏在心理学、教育学方面的理论依据，尤其是没有提出可操作性的策略与建议，如企业师傅的选择、师傅带徒弟与日常工作之间的矛盾。在微观路径的选择上也没有提出如何推动学生更好地进行工学交替的学习，以及如何保障学生对专业知识和技能的合理需求。

（五）现代学徒制管理和评估制度的研究

研究者多从利益相关者综合治理的角度对现代学徒制的管理进行研究，陈海峰分析总结了校企行在现代学徒制人才培养中应该承担的责任，认为利益主体之间应该形成“平等的社会关系”，管理过程应该体现法治和民主。

祝木伟认为应该明确学生、学校和企业的法律责任，保障师傅和学生的具体权益。赵鹏飞提出现代学徒制人才培养的管理应该由学校和企业共同管理，并共同评价，在管理过程中要保证签订三方协议，相关的管理制度应由学校和企业共同制定。

在实践中，现代学徒制的组织管理大部分是由校企组成，百草园学院成立了以企业为主导的理事会领导下的院长负责制，理事会的职责主要是规划学院发展、制定人才培养方案等，院长由企业的人力资源总监担任，校方担任执行院长。

虽然有部分试点与行业进行了合作，但总体来说，行业指导能力有限，缺少与校企在人才培养方面的合作。类似广东职业技术学院物联网专业依托行业开展现代学徒制地点实践的案例较少，我国鼓励发展较成熟的行业进行现代学徒制人才培养模式的探索。现代学徒制的参与主体较多，其管理是一种跨领域治理，平衡各参与主体之间的利益、准确定位权责利等问题，应结合其他学科的理论进行探讨。

关于现代学徒制的评价，研究者是围绕现代学徒制培养下的学生进行研究的。大部分学者认为应该由主要参与主体根据国家职业资格证书和学历标准共同评价。吴建设认为目前我国现代学徒制体系尚未建成，人力资源部门应该出台相关的人才培养标准，对学生 / 学徒的评价应该由校企共同制定，基于“学业标准”+“学徒标准”进行评价，针对不同的岗位，应要求学生考取相应的职业资格证书。唐德贵认为，现代学徒制作为职业教育体系的人才培养模式，其评价的依据应该是职业教育人才培养目标，因此构建学校与社会、过程与结构、学校与企业、理论与实践、他评与自评相结合的“能力本位”评价体系。在试点实践中，主要是从评价方式和评价标准进行探索，如广州工程技术职业学院成立的王世安工作室构建了基于各类技能竞赛获奖情况、学历证书、职业资格证书等的质量评价标准，也有学校在试点实践中为了保障评价的客观真实，引入了第三方评价机构，如无锡机

电高职数控专业评价主体除了学校、企业和家长，还引入了第三方机构。西子航空工业学院创新人才评价方式，实施“1234”评价模式。

总的来说，现代学徒制的评价环节是现代学徒制试点实践的必经环节，其评价标准应围绕国家职业资格标准，对学生的理论知识和专业技能采用笔试和任务考试相结合的评价。在我国，国家的职业标准仍然处于不完善的阶段，这大大阻碍了现代学徒制实践中人才评价体系的构建。在引入第三方机构进行评价的过程中，还存在评价指标的制定、各评价主体占比等问题没有解决。另外，我国的评价体系多以知识和能力为主要考核内容，缺乏基于以人为本的理念对学徒未来可发展的能力进行评价，未将学生的社会能力和方法能力纳入评价体系，量化程度不够。

第二章　现代学徒制概述

第一节　现代学徒制的内涵

一、现代学徒制的界定

现代学徒制是与传统学徒制相对应的一个概念，它是一种将传统的学徒培训与现代学校教育思想相结合的企业与学校合作的职业教育制度，是一种新型的职业人才培养实现形式。要实现现代学徒制的前提是校企合作，核心是工学结合，主要特征是校企联合双元育人和学生双重身份（学校的学生、企业的学徒）。学徒制在世界各国的发展进程和表现形式都有所不同，如德国称为“双元制”，澳大利亚称为“新学徒制”等。这些教育模式都为本国的经济腾飞做出了极大贡献。在我国，学徒制大致经历了技工教育、半工半读和校企合作等多个阶段，但最终由于种种原因，这些形式的学徒制在发展过程中遇到了各种阻碍，未收到满意的效果。

（一）现代学徒制的产生与发展

1. 萌芽时期：原始社会至中世纪前

现代学徒制最早是由古代学徒制发展而来，而古代学徒制的来源，可以说是由家庭内部的教育，即父母或家族长辈对年轻一辈以口耳相传、示范模仿等形式传授生活技能而产生的，这种教育模式在原始社会就已存在，当然，这种传授技能的形式是否等同于学徒制的起源至今还备受争议。而关于学徒制最早的记录，可以追溯到奴隶社会时期古罗马、古埃及与我国秦朝时期，彼时学徒制的形式是师带徒形式，即在手工作坊里师傅带领学徒学习技艺，被称作“古代学徒制”或“前学徒制”。而这时的师徒关系是以一种私下认可、口头形式存在，部分师徒关系会以一纸契书来确定，但此时还并无具体的书面协议确定双方的责任与义务。

2. 发展时期：中世纪时期

学徒制得到快速发展的时期是在中世纪前后时期。由于手工业的快速发展以及文艺复兴浪潮的影响，学徒的需求量变大；加之各类传统的手工业者开始转型为商人，以及海外贸易的发展和市场流通速度的加快，也使得行会商会也快速发展起来，行会商会此时成为中世纪时期学徒们学习技艺的固定场所。由于各地各类行会之间竞争激烈，不少地方行会们为了巩固自身有利的竞争地位，保护共同利益，纷纷达成协议，共同制定了发展制度及行会章程，章程里规定了行会的准入标准以及学徒和帮工的招收标准，行会章程制定的根本目的是对内维护各会员行会的利益与消除同行之间的竞争，对外则是实行垄断。彼时的学徒制可称作“传统学徒制”阶段，师带徒形式有着书面规定的章程约束双方的职责。

3. 衰退时期：两次工业革命时期

到了中世纪后期，文艺复兴浪潮的褪去以及工业革命的到来，传统学徒制也逐渐走向衰退时期。工业革命机器的快速标准化生产以及工厂的产生，开始逐渐取代廉价手工劳动力，这使得传统手工业逐渐崩溃消亡，只剩下一些传统行业还保留着传统学徒制。两次工业革命带来的技术浪潮，使得行会们对学徒的兴趣也逐渐减少，为了避免传统学徒制走向消亡并从行会手中接收学徒的管理权限，一些国家当时通过立法形式维护并监督本国学徒制的发展，最为典型的则为英国政府在 1596 年颁布的《工匠学徒法》，该法案的内容里明确了学徒的修业条件，并对学徒的修业年限做了统一规定，这一时期的学徒制可称作“国家干预学徒制”。虽然不少国家政府部门通过法律形式干预学徒制，旨在维护学徒制的稳定发展，但两次工业革命浪潮带来的巨大冲击，使得学徒制几乎消失殆尽，只有少数传统手工业还保留着传统学徒制的教授形式，这一时期，也可看作学徒制的衰败期。

4. 复兴时期：第二次世界大战至今

第二次世界大战之后，各国经济衰退，为了让本国经济迅速恢复与发展，加之第三次科技革命的发生，让世界各国了解到科技兴国与技术型人才的重要性，随着班级授课制的普及，世界各国开始重新审视学徒制，并赋予其新的生命力，现代学徒制也由此而得以诞生并发展至今。其中，德国双轨制的异军突起，让世界各国看到校企联合育人，第三方协调管理的职业教育人才培养模式的优势，随后各国开始结合本国国情纷纷效仿，改革本国已有职业教育体系，从而使学徒制在不同的国家中得以新生并以不同的形式继续发展。

（二）现代学徒制的特点

要想了解现代学徒制的特点，需要从它的内涵入手分析，对于现代学徒制的内涵研究，已在前文做了大部分解释与界定，这里就不做过多解释。就总体而言，对于现代学徒制的内涵解释，目前国内外尚无统一的界定，基于前人研究的内容，我们可以得知，现代学徒制是基于传统学徒制衍生出的新型人才培养方式，它是在国家顶层规划指导下，引入现代学校的教育内容并加入传统学徒制的“师带徒”形式，明确规定了学徒的培养内容、培养标准与评定标准，并通过多方参与评价考核的方式，校企协同育人。

因此，可以说现代学徒制是一种在国家指导下以深度校企合作为基础，以工学结合为教育形式的职教人才培养模式。基于现代学徒制的内涵及定义，将现代学徒制的特点总结为校企双主体地位、校企双体系课程、校企双导师协同育人、学生学徒双重身份、校企双

评价考核五个方面，具体的特点如下：

1. 校企双主体地位

在现代学徒制人才培养模式当中，企业不再是以往“表层式”参与，为在校学生提供实习场所与获取廉价劳动力为目的，而是与学校在学徒培训中处于同等重要的主体地位，二者共同制定学徒招收标准、人才培养方案、课程设置、考核评价标准等，企业培训甚至在整个学徒培训比重中占70%以上，这表明了企业的地位得到了提高与重视，强调了现代学徒制重在学徒技能的学习与培训。

此外，现代学徒制的校企双主体协同育人机制，必须建立在深层次的校企合作基础之上，但校企合作与现代学徒制也有一定的联系与区别。从内容上分析，校企合作的内容是多方面多层次的，课程开发、人才模式设定、人员交流学习等都属于校企合作的内容，而现代学徒制的内容则是十分明确的，重在学徒基础知识的学习与技能的养成；而从培养方式上分析，校企合作的培养方式包括我们了解的顶岗实习、订单式培养等多种人才培养方式，同时也囊括了工学结合、工学交替的现代学徒制人才培养模式，二者是包含与被包含的关系，校企合作的范围远远大于现代学徒制，现代学徒制是校企合作其中的一种实践模式，现代学徒制的培养目标具体明确，即通过不断轮岗学习培养适合社会工作岗位所需的学徒，属于深度的校企合作。因此，现代学徒制能够顺利开展的前提必须是以校企合作为基础，学校企业共同发力方可进行的一种基于学徒技能快速养成的人才培养模式。

2. 校企双体系课程

现代学徒制的培养目标决定了它的课程必须具备学校教育课程与企业实践课程，学徒通过在学校学习，可以学习到专业文化知识、基础素质课程与获取相应基础职业技能，这不仅可以丰富学徒自身理论知识的储备，让其学习到与自身专业相关的知识，以便日后与实践更好地融合，还可以从学校教育的隐性教育当中潜移默化地学习到其他内容，为学生进入到企业学习与步入社会打下一定基础。学生除了接受学校教育课程外，还需要通过到企业实践学习，通过师傅考核获得学分后方可给予毕业。在企业学习的过程中，学生主要的学习任务是掌握与岗位相对应的技能知识，提高自身的动手实践能力，此外，通过在企业实践岗位的学习，学徒还可以从与师傅或其他企业员工的交流当中提高人际交流能力，学会与人合作沟通协调，在岗位工作中不断提高自身的职业道德与职业素质，从而适应社会岗位的工作，这也为毕业后步入社会正式工作做好铺垫。

在现代学徒制人才培养的过程中，由于现代学徒制强调学徒职业技能的学习与养成，因此，在其人才培养的教学课程当中，企业实践课程是居于主要地位的，学校教育的课程则是居于次要地位，而企业实践课程也同样具有其特点，即企业课程具有技能型与缄默性。由于学徒的技能教学是在真实情景中进行，有些技能知识企业师傅会现场进行讲解演练并作为一个范例仔细讲解，这类的企业课程具有技能型；而有一些课程，由于个人能力差异与授课风格的不同，企业师傅没有从实践演练中提取出，而需要学徒通过观察并领悟的技能与知识，则具有缄默性，此类课程掌握的程度也具有差异性，与个人努力、领悟能力以及师傅授课的差异性息息相关。

从现代学徒制的双体系课程中，我们也不难看出，学徒的教学场所根据教学内容的不同也同样具有双重属性，即教学活动不断在学校与企业当中轮换。学徒学习基础文化课程时，他的主要活动场所是学校，而学习掌握实践知识与技能时，他的主要教学场所则为企业。教学场所的不同与变化之快，也需要学徒在不同的场所转换间快速地适应其身份，才能更好地掌握不同的知识与技能。

3. 校企双导师协同育人

我国普通的职业教育，在师资这一块强调“双师型”教师，目前普遍接受的“双师型”教师的定义为：具备理论知识与实践知识并拥有相应的职业资格证书。当前“双师型”教师的主要来源有两种，一种是当前我国高等师范院校培养的普通本科型人才，在毕业后到职业院校就职并到企业挂职取得后获取相应资格证书；而另一种则是由企业员工到高校就职或作为兼职教师到校授课，拥有一定教龄并考取相应教师资格证后，通过认证成为“双师型”教师。不管是哪种来源，“双师型”教师都是当前我国职教领域所需的师资队伍，也是我国当前高等师范院校所要培养的职教师资。

在现代学徒制中，由于教学管理、教学内容、教学活动、教学场所等要求，“双师型”教师队伍已经不能满足当前学徒的培养与训练，因此，现代学徒制中的师资队伍必须是由学校教师与企业师傅构成，学校教师在学徒培训中起到的是辅导作用，而企业师傅则是在整个学徒培养过程中居于主导地位。校内导师在现代学徒制中的工作，主要是对学生进行文化知识教育、道德熏陶与日常辅导管理，协助并配合企业师傅的工作；而企业师傅在整个学徒培养过程中具有十分重要的地位，贯穿于整个学徒培训过程。学徒在企业学习与顶岗实践的过程中，需要在师傅的全面指导下学习相关技能知识、经验技术以及面对突发问题的应变能力等，在整个学徒培训期间与培训结束后，师傅还将对学徒的学习成果进行检查验收，合格后才能给予毕业。此外，在现代学徒制人才培养过程中，师徒关系贯穿于整个人才培养的过程，从学徒入门进行拜师礼，到师傅口耳相传的现场指导、培训考核以及职业道德的熏陶，企业师傅的指导与栽培对于学徒的养成都是十分必要的。

4. 受教育具有双重身份

由于现代学徒制的教学内容与教学场所具有双边性，因此，其受教育者在整个培训阶段拥有着学生与学徒双重身份。

现代学徒制遵循“招生即招工、入校即入厂、校企联合培养”的培训方式，校企双方通过设立筛选标准并共同甄选学生与员工，通过筛选后，校内普通学生在入学前需与企业签订用工协议，成为企业员工中的一员，在企业顶岗实习的时间算入工龄，按照协议标准享受一定的企业福利待遇。学生除了接受学校教育外，还需要到企业进行学习并按照企业的用工标准与行为准则约束自己，以职业人的身份看待问题，在实际工作环境中锻炼自身

发现问题与解决问题的能力，学生通过进入真实社会中历练，有利于自身社会性与心理抗压力的发展，这对学生日后离开学校进入社会工作具有一定的帮助意义；此外，企业员工通过校企学徒班的筛选后，同样具有学生与学徒的双重身份，除了以员工的身份在厂上班外，还会以学生的身份在学校注册。他除了需要完成自身本职工作任务外，还需要按照学校流程完成学业，例如，按时报到、军训、接受在校基础文化知识的理论学习与专业课学习，参与学校组织的各类活动或竞赛等。通过同时兼备学徒、学生的双重身份，企业员工可以以学生的身份接受校园文化熏陶，从而达到增强自身的综合素质能力与学习能力，进而达到理论基础与实践能力相结合的目的，为社会源源不断地输送高素质技能型人才，从而向继续教育与终身教育的目标不断靠拢。

5.校企双重评价考核

以往的职业教育人才培养模式当中，对于人才的评价与考核，通常是学校教师根据学生的课程学习以及实习表现进行评定，学生修够一定学分则可取得毕业证。而现代学徒制的双体系课程，不仅决定了它的双边教学场所，同时也决定了学徒的评价与考核也需要采取双评价考核制度，考核与评价的主体是学校与企业，更具体地说，则是学校导师与企业师傅对于学徒某一阶段以及整个培训过程的考核。考核的内容与形式不再是拘泥于以往的理论考试与实习评价，而是注重过程性评价与终结性评价自始至终贯穿于整个人才培养的过程。此外，学徒评价的主要指标除了学徒需要了解与所学专业相关的理论知识外，更重要的是掌握工作岗位所需的职业技能，因此，现代学徒制的考核需要校内导师与企业师傅的共同参与，校内导师主要是对学徒理论知识与基础职业技能知识进行检测考核，而企业师傅则是对学徒在企业顶岗实训过程中学习的实践技能、人际关系处理及职业综合素质进行考核评价。由此也不难看出，在现代学徒制中，更加凸显了企业在整个人才培养过程当中的重要性。

随着现代学徒制的发展，不论是国内还是国外，对于其学徒的评价考核，已经不仅仅局限于双评价考核，而是开始向多方科学评价考核制度发展。例如，瑞士的三元制当中，其联邦政府、学校、企业以及相应的行业协会会为学徒培养制订合适的人才培养方案，四方共同协调沟通帮助学徒完成学业；而闻名世界的德国双元制，则引入第三方评价体系，行业协会的作用贯穿于学徒培养的整个过程当中，不仅参与到学徒课程编制开发与培养目标的设定，还有权对当前的学徒人才培养计划提出修改意见，此外，它还是国家学徒等级考试评定的主要力量，严格把控国家职业资格证书的评定与颁发。基于国外现代学徒制发展的经验，当前我国许多试点学校也都纷纷探索科学的学徒评价制度，除了以往的双评价主体外，还注重学生的自评与他评，及时补充与完善评价体系，此外，部分试点学校积极联络行业协会，构建校企行三方管理平台，让行业协会参与到现代学徒制的人才培养当中，而行业协会参与学徒评价考核主要是通过学徒考取某职业资格证书的渠道实现。通过构建多方评价考核制度，学徒的评价也会更客观具体，所培养的人才会适应社会需求。

（三）现代学徒制的构成要素及关系

要素是指构成一个客观事物存在的必要前提与基础，要素的运动与改变也会使得客观事物产生变化，是客观事物内部系统发生变化的动因。在现代学徒制的实施过程中，由于其跨界育人的特殊性，使得它的构成要素也具有跨界性，从宏观层面到微观层面，从顶层设计到最终落实者，都由不同的要素构成，这些要素也可以称为现代学徒制实施层面的“利益相关者”，他们互相联系，协同发力，以为社会提供优质人才为最终目标。

现代学徒制的构成要素主要有国家、行业协会、职业学校、企业、双导师以及受教育者，他们的相关内涵与主要职责如下：

1. 国家

也可以说是政府部门，它是现代学徒制的顶层设计者，也是现代学徒制的管理者，在现代学徒制整个人才培养过程当中，起到的是指挥棒、领头羊的作用。国家通过出台相关的政策与法律法规，地方政府部门根据上级指示，下发相关文件并安排地区学校有条不紊地落实政策的相关要求，使得学徒制中各利益相关者都能明确自身的权责，确保现代学徒制在我国顺利的实施与推广。此外，国家（政府部门）还是确保现代学徒制能够顺利实施的主要出资者，由于学徒的培养需要耗费大量的财力与物力，为了确保各利益相关者能够保持参与现代学徒制的积极性，国家除了出台经济政策与法律条文外，也会通过经济手段如减免部分税收等形式来减轻校企层面学徒培养的经济成本，保证各利益相关者能够在各自轨道上各司其职，为现代学徒制的健康发展创造有利环境。

2. 行业协会

从国外的现代学徒制发展进程中，我们都不难看出，行业协会对一个国家职业教育的健康快速发展起着不可替代的作用，它是连接企业、学校与政府的纽带，也是检验人才培养质量的重要把关口。在学徒制人才培养过程中，行业协会的主要职能应具备以下几方面：

（1）学徒招收工作准备前，行会专家应收集市场人才需求数量等相关信息，为职业学校与企业招收学徒提供参考性意见；此外，学徒的人才培养方案、培养目标、教学目标等设计，行业协会应根据所设专业的情况拣选相应专家到校进行指导，为校企有效培养优秀学徒提供有效意见，缩减学徒培训成本。

（2）在学徒培养过程中，行业协会应发挥它的协调组织作用，主动承接有效连接学校与企业沟通的义务，并适时传达国家或教育部门的相关信息与要求，强化自身的社会服务意识。

（3）行业协议还应参与到学徒的评价考核过程中，把关学徒考核体系的构建，适时根据社会需求对考核体系提出修改建议；积极参与到国家职业培训与等级评定，通过参与实际活动提高自身专业性。

3. 职业学校

它是我国培育技能型人才的主要场所之一，也是学生学习理论知识和检验学习情况的固定场所。职业学校主要负责传授学生与专业相关的理论知识、基础技术技能、综合素质课程等，学生通过在校学习，可以建构自身理论知识体系，方便日后进企学习；此外，学生在企业学习技术知识，职业学校则为学生提供补充专业知识学习的帮助。在现代学徒制人才培养过程当中，职业学校作为主要参与者之一，承接了与企业共同设计人才培养方案、教学目标、教学活动等工作，负责学生在校学习的考核，落实学生到企实习的工作，并安排相应指导教师与校内导师定期对学生在企业学习的情况进行跟踪汇报指导。职业学校的工作除了对学生进行知识传授外，还有帮助学生全面发展的作用，为学生毕业进入社会工作打下基础。

4. 企业

在现代学徒制里，合作企业在其人才培养过程中起着十分重要的作用，企业作为主要培养者之一，主要负责学徒实践技能的教学。此外，企业在学徒制里，它的主体地位也得到了增强，从学徒的招收、学习与考核，企业都全程参与进来。学徒在企学习期间，企业根据学生的专业与人才培养目标的要求为其挑选师傅，落实教学环节。企业师傅不仅负责教授技能知识，还会根据校企设定的评价指标对学徒在企业的学习情况进行考核。在现代学徒制里，企业为学校的学生提供技能知识传授的实际场所并安排人力资源辅导教学，而职业学校为企业提供可用的顶岗员工并输送优秀的预备人才，两者从校企合作的平台中互利共赢，是现代学徒制得以顺利开展的重要保障。

5. 双导师

双导师是指在现代学徒制人才培养过程中，对学徒传授理论知识与实践知识的职业学校校内导师与企业师傅。校内导师主要负责教授专业理论知识与基本技能技术，引导学生树立正确的价值观与人生观，以提高学生综合素质为任务，负责学生校内的考核评价；此外，学生到企业实践的过程中，校内导师起到的作用是辅导作用，通过线上交流与线下了解，对学生的实践学习跟踪了解，定期下企与学生交流，适时对学生的学习与工作压力进行疏导。而企业师傅负责的是学生在企业的学习环节，通过现场教学与指导，让学生在真实工作环境快速掌握岗位知识与技能，并利用空闲时间对学生的疑难困惑进行解答，让学生在企业实践过程中能够理论联系实际，快速适应岗位需求；再者，对于学生在企的学习情况鉴定，主要是由企业师傅对其进行考核，考核的内容根据岗位需求而定，而考核指标则是由校企共同制定。

关于校内导师与企业师傅的选拔标准，是由校企双方根据实际情况而定，但对于双导师的要求，通过查阅相关文献，具备以下三个基本特征：

（1）具有一定的教龄或工作经验。

作为导师，必定要在实践岗位工作过一段时间，具备一定的工作能力与经验才能作为他人的导师传授知识。

（2）知识储备充足。

校内导师作为学生在校学习的教授者，必定具备某学科过硬的理论知识与相应的技能型知识，方能担任学徒制中的指导者；而企业师傅在甄选时，必定也考量了其在工作岗位操作能力的高低、面对突发情况与快速转换岗位时的应急能力与适应能力。

（3）具有从事岗位资格的相关证书。

通过查阅相关文献得知，国内大多是试点学校的校内导师除了具备教师资格证，还需根据专业要求考量其他技能型证书或企业实践证明等，对于国内现阶段现代学徒制校内导师的选拔，当前大多数试点学校的校内导师队伍的组成基本是从双师型教师队伍中选拔出来的，因此，除了具备上述的证书外，校内导师大多数都还具有双师型证明；而企业师傅的选择也必须具备某个工作岗位的从业资格证方可有资格进入企业师傅队伍的考虑范围内。

6.受教育者

我们观念里的受教育者，大多是指学生，在现代学徒制里，他还有另一种称呼，即学徒。学徒作为现代学徒制的主要参与者之一，他的义务就是在规定的时间与场所接受教师传授的知识。在学校期间，以学生的身份进行学习，除了接受理论知识、基础技能知识学习外，还应接受体能训练，努力向德智体美劳这个方向靠拢；而在企业，学生就以学徒的身份，跟随师傅学习技能，适应企业工作岗位以便快速上岗。

根据“招生即招工，入学即入企”的要求，学生通过层层选拔进入学徒班后，他也正式成为企业员工中的一员，而前文也提及，企业员工通过选拔后，会以学生身份进入学校学习。通过学生与学徒选拔互通，加深校企合作，为学校与企业的了解与合作创造更多可能性。

基于对现代学徒制要素的分析，编制了要素联系图（图 2-1），从图 2-1 中可直观了解，国家政府部分是现代学徒制的顶层设计者，它的主要职责是负责制定相关条例，统筹规划现代学徒制实施层面各个要素的工作，是学徒制发展前进方向的指向标。

学校、行业协会与企业在国家的要求下，基于岗位需求共同培养合格的学徒。其中，行业协会作为学校与企业沟通的桥梁，它的主要职责是为两者的有效沟通与合作提供相应讯息与建议，缩减校企协同育人的成本，保障现代学徒制能够有条不紊地按照国家下发的要求顺利实施；学校与企业则是现代学徒制落实层面的双主体，承担着协同育人的责任；学徒是现代学徒制实施过程中的最终落实者，他根据双主体的培训要求，在校企双边教学场所学习岗位所需的职业技能知识与理论知识，提高自身能力以便日后投入社会之际能够找寻到合适满意的工作。

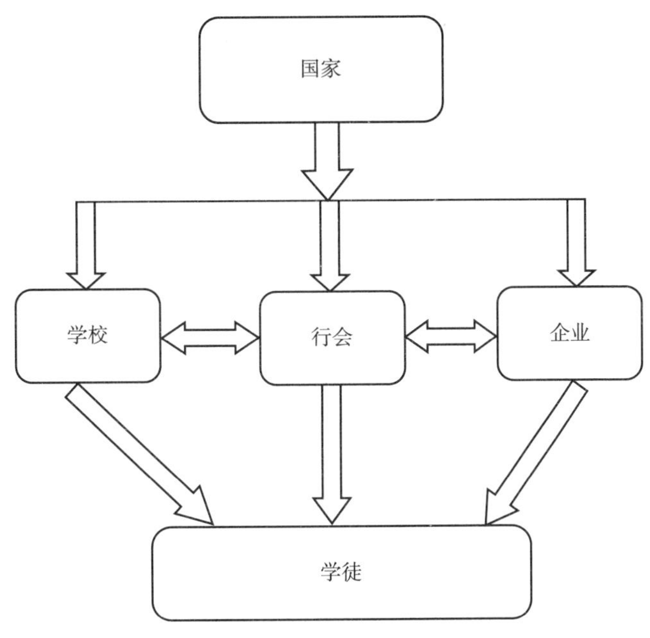

图 2–1　现代学徒制要素联系图

二、现代学徒制理论综述

现代学徒制在宏观上是职业教育制度，微观层面上作为一种人才培养模式，其有隐性知识理论、新职业主义理论、利益相关者理论、情境学习理论、大学知识生产范式转变理论、社会建构主义理论。对这六个理论进行了解和分析，有利于我们对现代学徒制的理论构成有深入的理解。

（一）隐性知识理论

英国哲学家波兰尼在《个体知识》一书中提出了“显性知识”和“隐性知识”的概念。所谓“显性知识”，是指用“书面文字、图表和数学表述的知识”。“隐性知识”是指尚未被言语或其他形式表达的知识，是“尚未言明的”或者“难以言传的”的知识。隐性知识是“只可意会，不可言传”的知识，这种知识融合在实践活动之中，具有情境性、特殊性的特点。

传统的学徒制和现代学徒制都是以这种理论为基础的。当今社会任何一个职业要求从业者具备的素质体系都是多样且复杂的，其中蕴含着大量的显性知识和隐性知识，如酒店管理行业所需的企业各岗位操作、运营的理论知识与技术技能、服务意识、心理抗压能力、人际沟通技巧、职业道德要求等。现代学徒制人才培养模式中师傅们的技艺展示示范、师徒间的交流互动，使得隐性知识显性化，晦涩的理论知识形象化；学徒通过观察、学习，将显性知识综合化，内化于心，转为自己的隐性知识，从而掌握专业技能，胜任岗位工作，成人成才。

（二）新职业主义理论

新职业主义理论最先在英国产生，开始于20世纪70年代的“行业培训革新计划”，这份文件指出了当时英国职业教育存在的问题——职业教育仅传授较低端的手工艺，且覆盖面小。当时英国经济持续衰退，人们开始质疑教育对社会和经济发展的促进作用，大公司的合并使得劳动分工发生了变化，越来越多的人需要职业教育，而旧的职业教育体系不能满足发生巨大变化的社会人才需求，随之出现了——新职业主义，也叫新职业主义运动，70年代末至80年代英国一系列的教育改革着重反映了新职业主义思想，其中最有影响的是1990年“青少年培训”（YT，Youth Training）的前身“青少年培训计划”（YTS），尤其是“核心技能”这一概念的提出，新职业主义运动最开始将新职业主义聚焦于中等职业教育，主要是为了融合学术教育和职业教育，沟通普通教育和职业教育，后来逐渐扩大到高等教育和成人教育。新职业主义的理论框架主要包括：学术教育与职业教育内容的融合、强调职业教育与企业行业的合作、重视核心技能的培养、提倡情境教学。新职业主义的目标是多方面的，但其主要目标是加强教育与职业生活之间的联系，构建一个包括青年教育、职业培训、职业要求在内的职业教育体系。新职业主义从实用主义的观点出发，认为解决当时英国面临的社会、经济、公平等问题，需要加大发展职业教育，提高就业率，新的职业主义要求将教育与职业生活紧密联系，并具有实际的效用价值。

总的来说，新职业主义的目标是三个层面的，一是将职业教育纳入主流教育，职业生活是一个人生活的重要组成部分，也是社会运行的基础，因此职业教育不应该是“弱势教育”，而应该是充满个体生活的终身教育；二是融合学术教育与职业教育，新职业主义试图消灭双轨制教育，旨在建立一个学术教育职业化、职业教育学术化的教育体系；三是构建一个全新的职业教育体系。

新职业主义为了实现其目标，围绕核心技能理论、普通教育的职业性以及职业教育与企业的合作提出了一系列策略。所谓核心技能，是指具有广泛的通用性、可迁移性以及工具性地完成任务、解决问题的实际能力，具体来说就是基本的理论知识、与社会发展相协调的价值观、处理人际关系的技能、迁移性强的学习内容以及共同的学习经验。普通教育的职业性是指个体接受职业启蒙的年龄问题，新职业主义认为应该在义务教育中穿插职业启蒙的相关知识，让青少年们较早地开始了解关于职业的相关知识。加强职业教育与企业的合作是新职业主义理论的另一个重点，英国为了加强职业教育与企业的联系开发了工作经验课程。

（三）利益相关者理论

20世纪20年代，一位通用电气公司经理在就职演讲中提出“公司应该为利益相关者服务”，这是“利益相关者”概念的首次出现。1963年，“利益相关者”这一概念首次被斯坦福研究院提及，两年后美国学者Ansoff将“利益相关者”一词引入管理学界和经济学界，他认为理想的企业目标需要综合平衡考虑企业的诸多利益相关者之间相互冲突的索

取权。19 世纪 60 年代以后，英国和美国的学者不断质疑和批评主流企业理论——外部控制的公司治理模式。随后越来越多的学者对此理论进行了研究。至今为止，有关利益相关者的定义有很多，但仍然没有统一的定义，弗里曼（1984）和卡拉克森（1994）的定义更具代表性。弗里曼认为，利益相关者可以影响组织目标的实现；卡拉克森认为，利益相关者在企业中投入一些物质资本、人力资本、金融资本或有价值的东西，从而承担某种形式的风险，或者说他们在企业活动中承担风险。这两位学者关于利益相关者的定义代表了学术界的两个主要派系。

学者们还对利益相关者进行分类。例如，根据社会学理论，Whele 将利益相关者分为首要的社会利益相关者和次要的社会利益相关者。首要的社会利益相关者是那些与企业有直接关系并投资于人力资源的利益相关者；次要的社会利益相关者通过社会活动与企业间接联系；首要的非社会利益相关者对公司有直接影响，但对特定人群没有影响和联系；次要的非社会利益既不直接影响企业，也不影响人与人之间的接触。在众多分类中，被广泛接受的是卡拉克森（1994）的观点，他根据利益相关者参与相关的参与团体、企业，将其分为主要和次要利益相关者。

（四）情境学习理论

在莱夫和温格 1991 年出版的代表作《情境学习：合法的边缘参与》（Situated Learning：legitimate peripheral participate）这本书中，他们提出了三个核心概念：一是实践共同体（community of practice），它指的是由从事实际工作的人们组成的“圈子”，而新来者将进入这个圈子并试图从中获得这个圈子中的社会文化实践。二是合法的边缘性参与（1egitimate peripheral participatie），这一短语有三种意思：所谓合法，是指实践共同体中的各方都愿意接受新来的不够资格的人成为共同体中的一员；所谓边缘，是指学习者开始只能围绕重要的成员转，做一些外围的工作，随着技能的增长，才被允许做重要的工作，进入圈子的核心；所谓参与，是指在实际的工作参与中学习知识，因为知识是存在于实践共同体的实践中，而不是书本中。三是学徒制（apprenticeship），也就是采用师傅带徒弟的方法进行学习。情境学习的三个核心概念为现代学徒制在学习方式方面提供了理论基础。具体来说，学习是社会实践整体的重要一环，“合法的边缘性参与”是指学徒在“实践共同体”中从广泛的边缘工作到观察、参与、学习并投身其中，直到成为一名成熟员工的过程。

现代学徒制人才培养模式不同于以往的顶岗实习，学生应该成为企业的人或签订契约成为有真实关系的人，即合法；学徒的学习是通过合法性的边缘参与，通过师傅带徒弟的形式实现的。

“实践共同体”是由实践关联的各个要素组成的相互依存的特殊共同体，既包括知识、技能、经验、意义等实践关联的要素，也包含人、活动、文化传统和社会关系结构的客观要素。学徒置于“实践共同体”中，不仅仅为了获得知识、技能经验等，还收获人、活动、社会关系等客观因素潜移默化的影响。

（五）大学知识生产范式转变理论

自洪堡创建柏林大学将科学研究纳入大学体系内致使学科组织制度化以来，其大学知识生产模式经历了两种不同的模式，并且不断发展。在模式1中，科学家走出了作为隔绝的个体以及科学研究与社会利益脱节的局面，在“转向德国式的大学和研究，就意味着一种纯粹知识的观念”这一知识生产系统中，大学是知识生产的唯一提供者，是人们接受基本教育和技能训练的独立提供者，是开展那些它们认为有利于公众长远利益的、能增进知识主题研究的唯一承担者。1994年英国学者迈克尔·吉本斯等六人合著出版了《知识的新生产：当代社会科学与研究的动力》。在书中，吉本斯等人首次提出了知识生产的“第二种模式”的概念。在模式2中，知识生产打破了学科界限，形成大学与社会和市场的良性互动，知识生产更加动态和开放，这种广泛的社会实践性和跨学科性增强了知识的针对性和实用性。

就职业教育来说，学校知识是一种系统化的由学者能够控制的具有严格学科划分的知识。这类知识的同质性特点决定了其对于某一行业工作具有通用性，而对于特定企业或特定工作岗位并没有很强的针对性。“由此，工作世界产生的新知识与大学产生的知识是完全不同的，但两种知识对于从事职业工作又是不可缺少的。”

就职业院校学生而言，工作情境和工作岗位中的知识是学校知识的必要部分和有益补充。特定的岗位知识、企业文化、能力要求等显性知识或隐性知识在学校课程体系中是不存在的，或者是不能很好地传授的，而这些知识和技能却是必备的，必须在正式入职之前掌握。现代学徒制正是这样一种双元制教育，通过学校和企业的双元培养，学生（学徒）在两种环境下汲取知识。

（六）社会建构主义理论

近年来，建构主义在教育和心理学中的影响越来越大，在课程改革、教育研究等领域占据主导地位。建构主义奠基人皮亚杰指出，“认识既不发端于客体，也不发端于主体，而是发生于联系主体、客体相互作用的动作（活动）过程中”，个体与环境相互作用的建构过程促进了其内部心理结构的不断变化，而后分流形成的社会建构主义是现代学徒制培养模式的重要理论基础。社会建构主义认为：学习是一个文化参与过程，学习者通过借助一定的文化支持参与某个学习共同体的实践活动来内化有关的知识，掌握相关的工具。学习者与指导者在学习过程中进行交流沟通，分享学习资源，共同完成学习任务。在此基础上形成的“认知学徒制”和“情境性教学”理论是建构主义在教学实践中的具体应用。

1. 认知学徒制

布朗等人提出了认知学徒模型。认知学徒制是指学习者在专家的指导下通过参加某项真实的活动或任务，从而获得与该活动或人物有关的知识和技能。在学习过程中，学徒经

历了“合法的边缘参与”的过程，即从最初的简单的基本的工作任务开始，逐渐接触、参与更加高级的任务，从边缘逐渐进入核心，接触和学习该岗位的核心知识和技能，从而由新手成长为老手或专家。而这一过程之所以“合法”，就是让学生成为企业的人，或者是与企业具有某种契约关系的人，在此基础上，才会有稳定的师徒关系的产生以及学徒接触和体验真实的工作情境的可能。

2.情境性教学理论

现代学徒制与“情境性教学”的联系是显而易见的。“情境性教学”模式主张教学在真实情景中进行，以解决具体真实的问题为目标，教师不是将准备好的内容交给学生，而是在问题探索过程中提供解决模型与指导。“情境性教学”模式较传统的简化了的和创设的课堂环境来说，更能激发学生学习的内部动机，教学效果好。现代学徒制模式能够有效地践行“情境性教学”理论，通过校企双主体育人，工作与学习相融合，学生（学徒）在完全真实的系统化的工作场景中进行学习，既有企业员工的使命感，也有学生学习的能动性。此外，多元智能理论、人本主义等，在现代学徒制模式的确立和教学活动的具体开展中，也都提供了指引。

第二节　现代学徒制在国内运用现状

与国外的日渐完善的状况不同，我国现代学徒制发展尚处于起步阶段，虽然取得了一些成果，但也存在一些问题。

一、法律法规不完善，现代学徒制参与各方利益得不到有效保障

我国虽然出台了相关的法律和政策，明确提出了职业教育开展现代学徒制试点，但未规定具体操作标准，如经费从哪来，校企之间如何分配，学员在企业接受培训，企业是否支付学员报酬及为学员缴纳社会保险等，法律规范并没有明确。这就导致了现代学徒制参与各方（企业、学校、学生）的利益得不到保障，打击了他们的积极性。

（一）缺乏对现代学徒制的顶层设计，存在诸多法律空白

根据德国、美国等国家实行多年的现代学徒制经验，现代学徒制的行业、企业与职业院校之所以能够坚实合作，最重要的不是双方的意愿，而是来自各国各级政府的意志和执行意志的强大保证——法律。

根据教育部关于现代学徒制的文件精神，学徒生是具有职业学校学生和企业学徒双重身份的。而这两者之间实际上在工作岗位职责、工资待遇、工龄计算、社会保险等方面是完全不同的。我国现行的《中华人民共和国劳动法》《中华人民共和国劳动合同法》《工伤

保险条例》等法律法规只规定了企业职工的合法权益，而对学徒生在企业实习的合法权益并无规定。教育部门“招生即招工”的提法，与当前我国的劳动用工政策是十分矛盾的，特别是在中职阶段。例如，《中华人民共和国劳动法》规定“禁止用人单位招用未满十六周岁的未成年人”，当企业招录的某些学徒生不满十六周岁时，属于违法用工。

（二）国家层面尚未形成详细的“现代学徒制”具体推进策略

程序性规定缺位，缺少可执行条款，无法在行动上驱动“校企合作”，自现代学徒制试点工作推进以来，国家先后出台了一系列政策文件，对现代学徒制实施的各个方面都作出了诸多规定。按照“政府引导、企业为主、院校参与”的原则，采取企校双师带徒、工学交替培养、脱产或半脱产培训等模式共同培养新型学徒。虽然这些文件已成为目前指导政府职能部门、职业院校和行业企业实施现代学徒制工作的规范性依据，但对一个法治国家来说，政策毕竟不是法律，不具有法律特有的强制性，而且这些政策文件多为原则性、倡导性、宏观性规定，部分条款空泛，有些规定也很模糊，缺乏法律的明确性、针对性和可操作性等特点，无法应对新形势下现代学徒制校企合作的多样性与复杂性。

（三）企业主体地位不明确，缺乏对企业的激励机制

我国职业教育校企合作中一直存在“学校热，企业冷”的现象，对企业的鼓励大多停留在号召性的要求上，而不是靠法律法规。目前我国法律法规还没有对企业参与职业教育应当给予的经费支持和激励（如税收减免）等作出具体的规定，没有明确现代学徒制双主体育人中企业的主体地位，立法的不平衡状态不利于职业教育现代学徒制的发展。

（四）对“学徒生”的双重身份的界定不明，“学徒生”的合法权益得不到保障

学徒生涯的“双重身份”从字面上容易理解，即学徒生既是职业院校的学生，又是企业的员工，但这种双重身份的表达是为了更好地理解现代学徒制的本质，而不是从法律层面上明确学徒生涯的法律地位。职业院校的学生和企业的员工是两种不同的身份，学徒生不可能在法律上同时具有这两种身份。因此，必须明确学徒生涯的法律地位，否则学徒生的合法权益得不到保障，一旦在学习过程中发生意外伤害，维权起来比较尴尬。从以往的案例看，法院的判决也不尽相同。以上问题反映了现代学徒制下校企合作缺少相应的法律法规等制度保障，因此，需要尽快建立和完善现代学徒制模式下校企合作的法律规章制度，明确政府、行业、企业、学校、学生各方在校企合作中的权利、义务和责任，为培养高素质技能型人才提供法律和制度保障。

二、企业参与热情不高，校企合作层次低

企业的热情参与是现代学徒制成功的关键要素之一。据调查，多数企业忧虑对学员培训需投入一定的成本，而且学员在企业接受培训过程中，企业需要支付一定的工资，但是培训结束后，愿意留在企业的不多，这导致企业的权益得不到保障。因此，企业参与热情不高，也导致了我国的校企合作层次总体偏低，还停留在以校企个别合作为主的层

次上。

（一）现代学徒制建设进程中影响企业参与的因素分析

1.利益获取程度是直接影响企业参与现代学徒制的本质因素

从企业的经济属性出发可知，利益获取是影响企业参与现代学徒制的本质因素，就我国国情而言，企业参与现代学徒制能获取的利益主要有四类。

（1）经济利益。

企业参与现代学徒制能够从三个方面获取较为直接的经济利益：

1）享受学校提供的社会服务，如学校师生参与企业的经营管理、产品设计等。

2）享受学校提供的科研资源和服务，如使用学校科研场所和设备的权利，师生参与企业技术研发以及攻关等。

3）获得优质人力资源，如企业在学徒培训结束后，与毕业生签订劳务合同。

（2）社会影响力。

在现代市场经济体系中，以品牌影响力为主导的社会影响力无疑是企业核心竞争力的重要构成要素。企业提升自身品牌影响力与行业影响力的途径有很多，参与社会公益事业、积极主动承担社会责任是重要渠道。企业参与校企合作就是参与为社会培养人才的公益性事业，可以显著提升企业的美誉度，从整体上提升企业的社会影响力。

（3）精神价值。

企业经营管理者和员工通过参与现代学徒制，既可以为社会培养人才，又能帮助青年学生成长，每一个参与个体都能从中获得意义感、价值感、成就感，这是企业参与现代学徒制衍生出来的精神价值。

（4）政策收益。

国家为了鼓励广大企业积极参与现代学徒制，出台了一系列支持性政策，各级地方政府也制定了诸多地方性的激励措施，企业参与现代学徒制，能够享受到政府给予的补助、税收优惠、融资支持、优先评奖评优等。

这四种利益类型中，除了精神价值以外，其他三种类型尽管表现形式各有不同，但最终都能转化到企业“降低成本、提高利润”的基本运作模式中，即其本质都是经济利益。由此可见，利益获取尤其是经济利益的获取，是企业参与现代学徒制意愿的本质因素。

2.合作关系是间接影响企业参与现代学徒制的支撑因素

在现代学徒制教育模式中，企业与学校就是典型的合作关系，“优势互补、资源共享、互惠双赢、共同发展”是企业与学校处理关系的原则，双方主体之间通过信息互换、资源共享、人员流动、物质交换等多种形式维系和推进合作关系，并在这种关系中谋求各自的利益。根据合作的层次和深度，校企合作关系通常会经历四个阶段。

（1）对立性合同关系阶段。

校企合作初期，双方尚未充分建立起信任关系，在合作过程中往往倾向于采取谨慎和保守的态度，同时由于双方合作在组织文化、管理制度、行为方式等方面处于磨合期，冲突矛盾较为多发，呈现出一定的对立性，合作关系更多依赖合同或协议维系。

（2）一般性合同关系阶段。

经过最初的磨合期之后，学校和企业之间通常会探索出一种双方都能接受的合作形式，协同配合程度逐渐提高，关于合作项目各个方面的规章制度逐步确立，校企合作关系开始进入良性、规范的轨道。

（3）合作关系阶段。

随着合作的日渐深入，学校与企业的关系最终发生质变，从以外在强制约束力为纽带的合同关系过渡到以内在互信关系为纽带的合作关系，双方的协同配合紧密和谐，合作的广度和深度不断增加，校企共谋发展的格局初步形成。

（4）战略合作伙伴关系阶段。

随着校企双方高度互信关系的建立，合作逐渐从局部性、项目式合作进入全局性、融合式战略合作的新阶段，校企之间在达成充分共识的基础上建立战略合作伙伴关系，不仅在当下的业务经营中互惠互利，也在未来的长期发展中相互促进。

校企合作关系的四个阶段中，每一阶段对企业参与现代学徒制的影响都不相同，合作关系阶段层次越低，企业参与现代学徒制的积极性越低；合作关系层次越高，则企业的参与积极性越高。因此，校企合作关系到底处于何种阶段，能否成功跨越每一阶段的局限性并最终达成战略合作伙伴的关系，是影响企业参与现代学徒制最重要的支撑因素。

3.资源禀赋状况是影响企业参与现代学徒制的现实因素

企业的培训资源可以分为“硬件资源”和“软件资源”两大类。其中，“硬件资源”主要包括物力和财力资源。物力资源，即企业是否拥有足以容纳众多学生（学徒）实习实训的场所，是否拥有足够的实训设备、生产原材料以及基本生活服务设施等。财力资源，即企业是否拥有足额的资金用以支付学徒工资和日常费用、购买相关原材料等。

而“软件资源”主要包括四种：

（1）师傅资源。

即企业是否拥有一支精通生产技术技能的高级技工队伍，足以在维持企业正常生产运作的前提下仍能辅导学徒实习实训。

（2）文化氛围。

即企业是否能够成为学习型组织，是否能为学徒全身心投入实习实训提供思想、心理、人际、行为等各个方面的支持。

（3）胜任能力。

即企业是否拥有专业化、体系化的培训经验和方法论，是否有能力参与学校的人才培养规划制订、人才培养方案设计、课程内容编订等工作，是否有能力为学徒提供优质的培训服务。

（4）管理能力。

即企业是否拥有充足的管理资源，是否具备足够强的协调能力来管理好参与企业实习实训的学校师生。

可见，企业要深度参与现代学徒制，对其自身的资源禀赋要求较高，若没有全面、雄厚的资源积累，企业在现代学徒制教育模式中就只能扮演辅助者的角色，难以从根本上保证学徒实习实训的质量。

（二）当前企业参与现代学徒制意愿缺失的成因

1. 企业的逐利性价值是天然屏障

企业是市场经济的主体，其本质属性是经济性，追求利润是多数企业经营的核心动力。现代学徒制是学校教育与传统学徒教育的结合，因其跨界性聚合了不同类型的教育资源，兼具学校教育与社会教育的优点，但同时由于调动了广泛的资源参与教育活动而推高了教育成本，社会必须为现代学徒制的实施付出更多的资源投入，而企业就是承担这种资源投入的主要主体。企业参与现代学徒制要承担的成本高昂，需要具备全面、雄厚的资源禀赋，相较于企业负担的成本，参与现代学徒制的收益却具有不确定性。

一方面，现代学徒制的实施周期一般都长达数年，在此期间，企业需要持续不断地投入人力、物力、财力，而学徒生能创造的价值有限。即使培训期结束，也很难保障学生毕业以后都能够留任，因为每一个学生的就业选择受个人意愿、薪资待遇、工作环境、职业前景等诸多因素影响，企业不可能一一满足。倘若培训合格的学徒流失严重或留任时间过短，企业都将得不偿失。

另一方面，企业参与现代学徒制还面临诸多外在风险，如外部市场环境的变化有可能迫使企业改变业务方向，学徒因岗位转型需要进行二次培训投入；企业采用新技术新工艺，导致先前制定的实习实训内容不能满足新的岗位工作要求等。

总之，企业的逐利性价值决定了其参与现代学徒制必须充分考虑投入产出比；同时，企业参与现代学徒制的成本居高不下与预期收益的不确定性并存，共同构成了阻碍企业参与现代学徒制的天然屏障。

2. 企业的话语权不足是现实障碍

现代学徒制的本质是校企“双主体”育人，各自发挥育人优势和长处，相互补充、相辅相成。但在现代学徒制的试点工作实践中，学校主导、企业配合仍然是常态，企业参与人才培养的话语权普遍不足，导致企业推进现代学徒制的态度消极，学生在企业实习实训的时间短、质量差，严重制约了现代学徒制的推广和深化。其原因主要在于：

（1）学校与企业教育观念的差异。

学校与企业是两类性质截然不同的主体，总体上来讲，学校是公益型组织，而企业是经济型组织，两者在组织文化、管理模式、价值取向、行为方式等诸多方面大相径庭，其反映在人才培育中，集中表现为教育观念的差异。如学校主张在自由、宽松的氛围中培养启发学生，企业则认为严格、有纪律的氛围更有助于学徒成长。学校希望企业为学生提供高技术含量的实训岗位，以尽快提高学生就业能力，企业则倾向于安排一些相对简单的工作给学徒，以循序渐进的方式培养人才。由于我国学校在育人方面占据主导地位，企业与学校育人观念相左决定了企业丧失教育话语权的必然性。

（2）企业缺乏教育专业能力。

学校是教育主体，学校教学管理者和教师在教育岗位上的长期奋战使其获得丰富的教育实践经验和对教育规律的深刻把握，在人才培养中占据绝对优势。企业作为市场经济主体，日常经营运作基本与教育无关，既没有体系化的教育资源，也缺乏相关的教育理论研究和实践经验，因而企业的意见往往被学校忽视。

3.校企合作机制不健全是不可逾越的制度藩篱

健全、良性的合作机制是实现现代学徒制可持续发展的根本保障，但目前我国现代学徒制由于校企合作机制不健全而暴露出许多问题。

（1）管理体制不完善造成学校和企业之间的矛盾纠纷难解决。

现代学徒制尽管是在学校与企业达成共识的基础上落实推进的，但在合作过程中，双方主体不可避免地会产生大大小小的矛盾纠纷，倘若无法通过内部协商解决，就需要一个具有权威性的第三方机构进行仲裁。然而，当前我国实行“政府主导、行业参与、学校实施”的现代学徒制教育模式，尚未设立专门性的校企合作管理机构，校企之间一旦发生矛盾纠纷往往只能向行政部门申诉处理，流程冗长，效率低下。

（2）合作模式不成熟造成校企合作关系不稳定。

当前，我国很多地方的校企合作关系仍在探索过程中，尚未形成成熟的合作模式。由于合作模式不成熟，现代学徒制的落实推进主要依赖感情和人际关系维系，合作层次不高，一旦出现关键性的人事变动，就可能导致现代学徒制项目半途而废。不仅如此，现阶段我国的现代学徒制还面临政府的激励政策难以真正落实的问题。2014 年以来，我国大力推动产教融合、校企合作，并安排专项资金用于补助参与现代学徒制的企业，各级地方政府也制定了不少配套性激励措施。然而，由于很多激励性政策条文用语模糊，在实际落实操作中缺乏明确标准，造成企业本该享受的政策优惠得不到保障。如《职业学校校企合作促进办法》关于校企合作的促进措施的二十二条指出，“县级以上地方人民政府对校企合作成效显著的企业可以按规定给予相应的优惠政策。”然而条文中的成效显著的标准是什么？相关规定有哪些具体规定？可见，当前政策还缺乏具体的实施细则和依据，政策效果往往会大打折扣。

除此之外，由于部分地方的激励性政策贯彻执行不力且缺乏有效监督，导致国家政策明文规定的优惠也未充分给到企业。这些因素都使得企业参与现代学徒制的积极性大打折扣，延缓了现代学徒制在我国的推广进程。

4.企业师傅选配和成本抉择难题是现实条件制约

（1）企业为学徒配备导师会显著增加经营成本。

高职人才培养规格是中高端技术技能人才，这就意味企业为高校学生配备的师傅必须是精通生产知识与技术技能的骨干人员。在任何企业中，高级技术人才都是稀缺资源，承担创造高价值的工作，让这类人才花费精力和时间指导学徒，会导致其用在生产工作中的精力和时间减少，从而影响企业的整体生产效率，抬高企业的运作成本和用人成本。

（2）师傅缺乏向学徒传授真才实学的内在动力。

在市场经济条件下，人力资源市场是高度自由竞争的市场，同类型的人才以同台竞技的形式争取工作机会乃至晋升机会。高级技术技能人才掌握的“绝活儿”是其安身立命之本，“教会徒弟饿死师傅”的观念一直存在，他们没有特殊原因一般不会轻易把关键技术传授给别人。同时，现代学徒制要求师傅把多年积累的实践技能传授给学生，却不能给予师傅足够的激励，这就使得师傅缺乏向学徒传授真才实学的内在动力。

（3）成本分担机制不健全，企业观望态度明显。

在现代学徒制教育模式下，高职学生都是批量进入企业实习实训的，实习实训占用的生产设备、消耗的原材料都由企业提供，这无疑是一笔不菲的开支。当前，我国尚未建立系统化的现代学徒制企业成本分担机制，仅靠国家专项财政补助又远远不够，企业为了控制成本，往往倾向给学生安排低技术含量的工作，很少安排技能型生产任务，以减少生产工作失误率，降低原材料损耗量。如此，偏离了实施现代学徒制教育的初衷，白白消耗了更多社会资源，这又会让企业参与现代学徒制的态度趋于保守，陷入一种恶性循环。

（三）新时期提升企业参与现代学徒制意愿的对策

1.建立收支相对平衡的经费制度，为参与企业提供特别奖励

现代学徒制的实施需要企业为学生（学徒）的培训预备充足的教育资源，并在学生实习实训期间连续支付各类教育成本，客观上要求企业建立收支相对平衡的经费制度，以保障现代学徒制的平稳有序进行。事实上，在世界范围内，依靠国家力量以及社会投入是实现企业参与现代学徒制教育收支平衡的通行做法。当前，实行现代学徒制的制造业强国，根据国情社情的不同，主要采取了三种帮助企业平衡收支的经费支持策略。

（1）高工资、高拨款策略，适用于现代学徒制基础较为薄弱的社会，通过给予学徒高工资吸引青年学生参与现代学徒制，加上国家财政拨款的高投入给予企业足额补贴，以帮助企业平衡收支。

（2）低工资、低拨款策略，适用于学徒制传统根基深厚的社会，悠久的学徒制传统使得民众对现代学徒制的认同度很高，即使青年学生进入企业实习实训的工资很低，也不影响生源，还有利于降低企业成本，企业参与现代学徒制的成本低，国家的财政负担也能相应减轻。

（3）“征税—拨款”制度策略，这一策略是基于教育的正外部性而制订，由于开展现

代学徒制的企业培养的人才也可能进入没有参与现代学徒制的企业就业，这就使前者蒙受损失而后者获得额外利益，国家因此通过税收制度设计，向后者征税以补贴前者，是一个公平合理的策略选择。

就我国国情而言，第一种策略与第三种策略皆可采用，也可以两者综合运用。帮助企业平衡收支只是使企业拥有参与现代学徒制意愿的前置条件，要充分调动企业的积极性，还需要更进一步为参与企业提供特别奖励。如奥地利为成立不超过五年就参与现代学徒制，且提供学徒岗位超过10个的企业提供特别奖励；澳大利亚编订了针对行业的“国家技能需求名单”，凡是能提供规定行业学徒岗位的企业，都能获得政府提供的专项补贴；荷兰则制定了针对参与现代学徒制企业的税收减免、免征社会保险金制度。我国实施现代学徒制，可以借鉴国际先进经验，给予参与现代学徒制的企业更多奖励和优惠。

2. 赋予企业在现代学徒制中的话语权，构建新型产教关系

（1）搭建沟通交流平台，赋予企业更多教育权利。

权责利统一是现代管理理论倡导的基本管理原则，现代学徒制教育管理机制的构建应遵循这一基本原则。地方教育主管部门应引导学校和企业在达成共识的基础上搭建沟通交流平台，健全校企信息共享、交换和反馈机制，赋予企业更多表达意见的机会。同时要对现代学徒制实施效果进行评估，适当加大企业内部评估的权重，不能仅停留在企业盖章或出具相关证明等形式化的层面，而要更加重视企业的评估意见，将其作为现代学徒制实施成效的重要指标，进一步扩大企业的话语权。

（2）保证企业育人主体作用，构建新型产教关系。

现代学徒制的本质是校企“双主体”育人，其中任何一方的育人主体作用得不到保障，都很难高效地完成人才培养任务。企业话语权的缺失从表面上看是企业意见表达机制不畅，企业意见得不到重视，实际上是企业的育人主体地位缺失。因此，要构建新型产教关系，重树企业在现代学徒制中的育人主体地位。一方面，学校要切实转变教育观念，深刻认识到企业在技术技能人才培养过程中的重要作用，企业不是“活雷锋”，并不是不求回报地帮助学校开展教育活动，要从主观层面给予企业更多尊重和体谅；另一方面，企业要增强主体意识，通过积极的行动彰显自身的育人主体作用和教育价值，尤其是要完善相关激励机制，给予担任学徒导师的师傅更多的物质奖励、荣誉奖励、职业晋升机会等，充分激发企业师傅参与现代学徒制的积极性。

3. 加强现代学徒制项目的成本控制，降低企业的参与风险

（1）发挥政府公共治理功能，控制项目成本。

各级政府以及教育主管部门应在现代学徒制教育实施过程中充分发挥公共治理功能，积极转变职能，帮助企业控制项目成本。要高度关注地方现代学徒制项目的进展情况，为校企合作提供更加优质、全面、细致的管理服务，尤其是学校和企业在协同育人过程中产生矛盾纠纷时，政府要及时予以指导和仲裁，减少项目内耗。同时，建议政府可以牵头建

立公益性现代学徒制咨询研究机构，向开展现代学徒制的企业提供信息咨询、市场调研、管理指导、人才培养方案制订等服务，降低企业的教育决策成本和管理成本。

（2）学校扮演好服务角色，降低项目成本。

高职院校在与企业联合培养人才的过程中，可以充分发挥学校的教育优势与科研优势，扮演好服务者的角色，为合作企业提供量身定制的个性化社会服务，从而降低现代学徒制教育项目的运作成本，如学校可以针对合作企业的业务方向和经营特点，开发针对性地教育课程群，并围绕该课程群与企业开展现代学徒制教育，降低企业的招聘成本和用人成本；还可以利用自身的科研优势，将校企联合科研攻关、产品开发项目与现代学徒制项目打包运营，提高资源利用效率，降低企业经营成本。

（3）企业合理进行现代学徒制的投资决策。

企业既是现代学徒制教育成本的重要承担者，也是现代学徒制教育的主要受益者。要降低企业的参与成本，其自身也必须通盘考虑业务性质、产品定位、人才需求、综合实力等多方面因素，合理决策参与现代学徒制的深度和形式，减少决策失误带来的风险。

4. 加强推动“硬制度”与“软制度”建设相结合，营造良好的制度环境

加强企业参与现代学徒制的制度建设，包括“硬制度”建设、“软制度”建设与促进两种制度相融合三个方面的工作。

（1）要完善企业参与现代学徒制的正式制度。

法律是现代社会最重要和最基础的正式制度。尽管我国自开展现代学徒制试点工作以来，国家出台了一系列旨在推动现代学徒制实施的政策措施，但始终没有从立法层面规范现代学徒制，导致企业参与现代学徒制教育缺乏法律保障。现阶段，推动现代学徒制向更深的层次迈进，需要加强立法工作，及时修订《职业教育法》以及相关法律，明确企业参与职业教育的法律地位，给予企业参与现代学徒制更加明确的预期和保障。

（2）要建立企业参与现代学徒制的非正式制度。

在信息时代，舆论氛围构成了社会非正式制度的核心要素，推广普及现代学徒制教育，需要加快营造有利于职业教育发展的良好舆论氛围。社会各界力量应联合起来，共同持续加强宣传引导，消除职业教育面临的社会性歧视。不论是官方媒体还是社会媒体，不论是传统媒体还是新媒体，都应积极采取行动，讲好职教故事，传播职教声音，向全社会传扬职业教育正能量，赋予参与现代学徒制的企业和企业家更多的价值感和荣誉感。

（3）要着力促进两种制度相互融合。

正式制度与非正式制度之间是有机统一、互为补充的关系，他们共同构成了社会治理体系这枚“硬币”的两面。营造有利于企业参与现代学徒制的良好制度环境，必须促进正式制度与非正式制度的相互融合，以达到最佳的制度管理成效。社会舆情引导要主动配合国家政策措施，促进政策效能的释放。各级政府制度建设职能的发挥要积极回应产业界诉求，提高制度的适切性和精准性。

5. 搭建学徒支持系统，降低企业的学徒培训风险

学生（学徒）在企业实训期间的表现以及培训合格后的留任率，是影响企业参与现代学徒制意愿的重要因素。建立学徒支持系统，帮助学生全身心投入实训，在提高培训成效的同时减少学徒辍学率、流失率，是降低企业学徒培训风险的重要举措。

（1）为学徒及其家人提供充分的信息支持。

信息是人们做出决策的基础依据，只有让学徒及其家人充分了解现代学徒制教育的优势，才能让家长支持孩子接受现代学徒制教育，也才能让学生以积极心态投入企业实训。因此，开展现代学徒制教育的学校和企业要建立面向学生及其家庭的信息沟通机制和渠道，及时向学生及其家人宣传和传达现代学徒制的教育模式、就业前景、教学优势、接受教育的收获等信息。在条件允许的前提下，可以组织学生及家长到实训企业参观，多方调动学生参与现代学徒制的积极性，同时争取学生家长的支持。

（2）提供职业指导，帮助学生做好职业生涯规划。

参与现代学徒制教育的学生通常是年龄介于 14~18 岁之间的青少年，青春期的孩子往往具有身心迅速发育、自主意识增强、情绪不稳定等特点，对未来充满美好的想象又普遍缺乏明确的人生目标和坚定的意志力。学校和企业要让学生全身心投入学习和实训并愿意留在实训企业就业，就应针对青春期学生的身心特点，配备专业的职业规划师，帮助学生发现自己的职业倾向，做好职业规划。同时，企业也应向学生说明人才成长路径、晋升通道等与学生未来职业发展息息相关的信息，帮助学生树立职业目标和发展信心。

（3）给予学生在学业以及生活等方面的支持，消除学生的后顾之忧。

现代学徒制要求学生走出校门，进入社会环境即企业中接受教育，而企业与学校在文化氛围、价值取向、管理模式、行为方式等方面的重大差异，会引发学生的种种不适。因此，学校和企业应对学生的整个学习过程给予充分的关注和指导，不论是在学业上遇到问题，还是在生活上遇到困难，都要及时给予帮助，消除学生的后顾之忧。

三、缺乏统一的培训标准

目前实行的校企合作、工学交替以及个别院校开展的新的现代学徒制试点形式，都缺乏企业、学校以及政府统一制定的培训和考评标准。当前的多数做法是，学校自行制订或与合作企业一起制订人才培养方案，学校和企业按照人才培养方案组织教学和培训，这导致各个学校和企业的教育标准各行其是，培养的人才质量良莠不齐。

（一）现代学徒制及其师资力量

所谓“现代学徒制”，是一种将传统的学徒培训方式与现代学校教育相结合的“学校与企业合作式的职业教育制度”，是对传统学徒制的发展。这种发展实质上是一种从就业培训向职业教育与培训相结合的转向，具体来说，现代学徒制从传统到现代的发展主要体现在教育目标、制度管理、参与主体、教学内容、场所及评价要求等多个层面：目的和功

能上由重生产性向重教育性转变；制度管理上由行业企业转移至相关教育与培训部门；参与主体上由企业和学徒的单方协议发展至由政府、行业、企业、学校等多方紧密协作与监督的共同体；在教学过程、内容、方式上由非结构化向结构化发展。现代学徒制在教学的时间、地点、内容及方式都有着较为严格的规范化要求，相应地在教育教学评价上，现代学徒制对学徒的要求也由实践操作取向往综合素质提高与职业能力发展并重方向发展，职业技能等级证书和学历证书的融通也是现代学徒制实施的重要方面。

现代学徒制的具体教育教学活动实施是由职业学校教师与企业培训师傅共同承担的，后者也称为企业师傅、企业导师、企业培训师等。近年来，我国人社部与教育部先后发布了《关于全面推行企业新型学徒制的意见》（人社部发〔2018〕66 号）和《关于全面推进现代学徒制工作的通知》（教职成厅〔2019〕12 号），这些文件都提出“企业应选拔优秀高技能人才担任学徒的企业导师”，要“推广学校教师和企业师傅共同承担教育教学任务的双导师制度……打造专兼结合的双导师团队”。以职教强国德国为例，其双元制职业教育培养过程由职校教师与企业培训师傅共同实施，学徒每周 3~4 天接受企业的技能培训，其余时间在职业院校进行知识性的课程学习。甚至有前教室后工场的设置，课程教学与技能培训随时交换进行。企业培训师傅占据了整个职教师资队伍的半壁江山，由此保证职业教育体系的平稳运行。

我国现代学徒制发展同样需要企业培训师傅在其中扮演重要角色，对于学生 / 学徒来说，企业培训师傅是技能长者，代表着未来所从事职业最鲜明的形象，是实践技能学习最直接的来源渠道，也是职业精神最深切的感受载体；对于职业院校及其教学过程来说，企业培训师傅是职业院校实践工学合一、校企合作的重要桥梁，企业培训师傅将企业的发展动态、企业对技术技能的能力需求、行业领域的发展前沿带到教学过程中，使职业院校人才培养活动能够与职业世界接轨，人才培养结果及其质量能够达到劳动力市场的用人标准；对于现代学徒制的整个师资队伍而言，企业培训师傅是不可缺少的重要组成部分，企业培训师傅与职业院校师资在功能上相辅、在角色上统一、在地位上相当，都需要掌握一定的教育教学能力，遵循基本教学规范，同时也共同享受作为教师的荣誉以及相应的教师培养、培训服务，两者有效对接才能保证现代学徒制的正常运转。

（二）企业培训师傅队伍的建设现状及问题

总体上看，当前我国企业培训师队伍是一支企业主管的队伍，也是建设企业培训师傅队伍的核心构成，其建设尚存在以下问题。

1. 能力不足

我国的企业培训师还是一个新兴的职业，培训市场良莠参半，有些培训师对培训业务一知半解，而仅仅利用一些关系或招牌，内容浅陋；有些培训机构既没有课程开发能力，也没有专业过硬的培训师队伍，质量令人担忧。

我国当前企业培训师能力的不足主要表现在专业实践能力有限，不能结合企业实际所需实施教学，这也是大多数企业更愿意让本企业内部经验丰富的人员承担培训师任务的重要原因；教育教学能力有限，优秀的企业培训师不仅是知识应用指导者、学习导向者、知识的传授者，更主要的还是团队学习的推动者。

在学习化社会以及终身教育的背景下，培训师不单单是知识的传授者，更应该是帮助学徒主动学习、学会学习并能有效参加团队活动的推动者，这些都需要培训师具有丰富的教师实践智慧，这是很多新手培训师不具备的；课程开发能力及管理能力有限，这与我国培训师师资队伍中兼职教师占较大比重有关，在按次结课的培训中，课程研发及管理等战线较长的任务项目基本处于搁置的状态，这对培训师的专业成长以及学徒的连贯性学习都是不利的。

2. 发展受限

我国企业培训师培养及培训模式极大地限制了专业发展，企业培训师作为职业技术教育与培训师资队伍的一部分，其在主要教授专业技能的同时，还应具备一定的理论素养，以促进学徒实践技能学习的消化和吸收。此外，学徒综合素质及道德水平的提升也是培训师实施培训的主要目标之一。由此可以看出，职业教育双师型的能力要求也应该成为企业培训师应有的素质构成部分，除此之外，企业培训师还需要了解企业的生产现状和实际问题，并据此制订培训计划和课程，学徒的基础、学习特点及情绪状态也需要考虑在列。

因此，企业培训师的专业实践能力、教育教学能力、人格素养等复合型能力要求，意味着需要经历一段较长时间的职前、入职及职后培训，方能实现从新手向熟手再到专家的成长。而实际情况是，我国企业培训师职业从职前的培养到职后的培训环节都是严重欠缺的。首先，在职前的培养环节上，没有专门的企业培训师专业（或作为进修专业），现有的专职企业培训师多是来自相关的专业背景，如教育学、心理学、管理学等，兼职教师也多以实践操作技能为重。较长时间的专业化培养阶段是个体形成专业思维和核心技能的重要时期，该阶段在整个企业培训师行业的缺乏会直接导致其专业发展基础薄弱及后续动力不足；在入职及之后的培训阶段，我国企业培训师师资也是处于没有机构提供培训、没有专家实施培训、没有资金和制度支持培训的多重困境，企业培训师的专业化发展更多的是处于自生自灭的状态，这在整体上限制了我国企业培训师师资队伍水平的提高。

3. 标准失效

我国企业培训师国家职业标准将企业培训师分为三个等级：助理企业培训师、企业培训师和高级企业培训师，随着等级的提升，其相应的标准要求也在逐渐“加码”，专业教学能力是三者共同的核心要求，后两者则相应地增加了承担课程开发及培训管理方面的要求。根据实施情况来说，这种笼统的划分办法与企业的现实发展需求是无法很好兼容的，另外，我国现行的企业培训师职业标准制定及应用中还存在着参与主体缺失、实施过程环节间断等问题。

企业培训师标准本身质量及效度有限，在后续的资格鉴定及认证环节存在内容和方式

刻板、规范化程度低等问题。这些综合导致了我国企业培训师标准的失效，企业培训师证书的含金量和吸引力大打折扣，在实际企业工作中，培训师资格证书并不是培训师入职、晋升、考评、薪酬的硬性指标与依据。

企业培训师标准建设及实施的不足会极大限制该行业的规范化发展，企业培训师师资队伍的专业成长及职业发展也会因标准缺失而陷入盲目发展的状态。

4. 收益不高

按照需求层次理论的划分，可以将企业培训师的收益划分为两个层面：

（1）物质生存层面。

即企业培训师岗位能够为企业培训师个体及其家庭提供的物质生存条件，该层面收益的高低主要以其工资水平为参照。与企业培训师行业的构成级别相对应，级别及其背后包含的能力水平、学历、经验、声望等因素共同决定了个体企业培训师实际的工资水平，所在地区、行业等也是重要的影响因素。目前，我国企业培训师行业的工资水平整体上难以与该行业对其所从事人员高度的综合能力需求相匹配，不同地区、行业、级别的企业培训师工资收入差异显著，尤其是不同级别（如高级培训师和普通培训师之间）的收入存在着数倍乃至数十倍的差异，这之中除了确实受培训师个体能力高低因素的影响外，刻意的包装宣传、名人效应等社会及市场环境因素也起到了重要的推波助澜的作用，这在很大程度上不利于企业培训师师资的规模化及稳定性的发展。

（2）精神文化层面。

主要体现在人们对企业培训师行业认可度及其社会地位等方面。基于我国企业培训师行业处于早期发展的基本现状，社会大众对于企业培训师的认识度尚且有限；再加上企业培训师行业的制度规范、行业组织及标准构建大多处于初步开发甚至空白的阶段，这些都导致了企业培训师行业与社会、政府机构之间的交流机制和平台的欠缺，限制了其社会地位及社会影响力的提高。

5. 支撑欠缺

企业培训师师资队伍发展支撑系统中较为重要的部分有：行业组织的成立，行业制度及规范的建立，市场准入、竞争及监督机制的形成，专业化研究的开展等。由于我国企业培训师行业尚处于早期发展阶段，市场经济下的供需机制是影响该行业当前发展的主导因素，市场经济的固有弊端一定程度上会导致局部企业培训师行业的“野蛮生长”和无序发展，这对于企业培训师师资队伍整体的良性构建是不利的。目前，我国企业培训师行业及师资队伍建设相应的制度及组织支撑十分欠缺，这无疑造成了该行业职业发展前期的根基薄弱和后期动力的不足。另外，我国当前有关企业培训师的学术和实践研究寥寥无几，没有专业的研究人员、机构、理论基础以及实践经验的积累就无法将该领域发展成为一门专业的学科，也无法提供专业的人力资源储备。

（三）全面推进现代学徒制对企业培训

随着现代学徒制或企业新型学徒制的全面推行，企业培训师傅的选拔、培养、投入与评价成为现代学徒制顺利开展与质量保障的重要条件。基于当前企业现有培训师队伍建设的成果与问题，现代学徒制对企业培训师傅队伍的继续发展提出了新的要求与挑战。

1. 理实一体化的素质结构

理实一体化是各类职业教育师资队伍共同的能力要求，这是技术技能型人才培养的应有之义。同样都是理实一体化的能力要求，相对于职业学校的专业理论和实践课教师而言，作为学徒的培训师傅在该维度上具有行业特殊性。作为长期与企业接触，甚至其中很大一部分直接来自企业实践一线的企业培训师傅而言，专业实践技能及经验可以说是达到为人师的水平，其能力进一步提升方向主要来自两个方面：

（1）在现有实践水平的基础上进行提炼提升，实现实践操作环节的程序化、结构化，由此熟练展示于教学环节以促进学生的高效化学习。

（2）在融合自身实践技能的基础上加强相关理论知识的学习，对于企业培训师傅而言，理论知识学习的核心价值在于促进其对当下实践工作的理解，实现技术技能水平的质性提升，从而更好地承担一个作为技术技能传递者角色的职责。

2. 合格的教育教学能力

对于企业培训师傅来说，合格的教育教学能力主要包含了以下四个方面：

（1）育人的能力。

现代学徒制归根到底是一种教育模式，教育性教学贯穿于整个教学过程。企业培训师傅作为职教师资的一部分应当承担起作为教师的职责，以帮助学徒在学习技术技能的过程中实现成才的同时也能够成长，实现全面、持续地发展。

（2）专业教学能力。

未经过系统师范教育的企业培训师傅缺少了教育学、心理学等知识的储备，实际教学过程的实施更多是遵循自己的“田野经验”和“野性思维”，在教学内容的确定、教学方法的选择以及教学组织的安排上多是无规律应激性选择的结果，往往会忽视教育教学规律和学生心理发展规律对教学实践环节的影响。

（3）管理能力。

包含项目管理能力和课堂管理能力两个方面。现代学徒制要求学生在学习中参照企业生产组织方式开展项目化学习，专业教师应当有能力选择合适的项目，并将其转化为适合学生学习的形式，组织学生在“做中学”。相对于传统学徒制而言，现代学徒制更多是采取“一对多”类似于课堂教学的教学模式，企业培训师傅在实施教学的过程中，除了具备基本的课堂控制能力外，同时还需要发挥集体学习的相互促进作用，以实现学生专业能力、社会能力、个人素养的共同发展。

（4）职业指导能力。

了解所在企业和行业的发展前景，并且在教学过程中贯穿行业和职业的相关前沿内容，让学生提前对社会和用人单位的需要有个初步了解，提前为就业和职业生涯发展做好规划。

3. 高效的师资团队合作

由于工作场所学习在管理、教学过程、评价上的复杂性及各岗位工作的异质性，企业培训师傅自身也需要进行团队建设，才能全面、有效地完成学徒培训工作及现代学徒制的整体培养目标。首先是企业培训管理团队的建设，包括培训部门内培训主管、专兼职培训师、岗位培训人员等，主要负责企业学徒的管理与指导，工作性学习任务开发、实施与评价。该团队同时也作为企校双师队伍进行建设，协调企业培训与学校教育的内容与时间，服务于现代学徒制的培养需求；其次是企业内部职业岗位群的培训团队建设，该团队服务于职业岗位群所需后备人才技能培训及技术与工艺创新，具有一定的稳定性与发展性，相对于前一团队而言，该团队的职业专业性与实践性更强。

4. 有效的企业培训师傅资格标准

随着现代学徒制的全面开展，我国企业培训师傅的培养应该从现状出发，顾及发展与现实需求。此外，还需做到以下几点：建构以解决问题为导向、以学习结果为衡量标准的企业培训师傅标准体系；以社会及行业实际的发展需要为依据完善标准内容构成以及等级与类型的划分；多主体参与标准制定、实施与监督，以提高标准的实施认可度；建立健全资格标准的考试制度，保证企业培训师傅资格证书社会信用度和效度；完善资格标准实施配套的实施规范，明确各主体在开发、认证以及颁证环节中的职责，以及相关标准规范的清晰阐述和有效实施；夯实相关职业教育的法律基础，并在企业培训师傅的市场准入制度及竞争制度等制度建设上协助其资格标准体系的有效实施。

第三章　市场营销专业实践教学体系构建的概述

第一节　市场营销专业的基本内涵

一、市场营销的含义与作用

（一）市场营销的含义

在市场经济条件下，市场是一切经济活动的集中体现。从生产企业到消费者个人，无不与市场有着千丝万缕的联系。市场是所有企业从事生产经营活动的出发点和归宿，是不同国家、地区、行业的生产者相互联系和竞争的载体。

市场营销是企业整体活动的中心环节，又是评判企业生产经营活动成功与失败的决定要素。因此，企业必须不断地研究市场，认识市场，进而适应市场和驾驭市场。

市场营销学是来源于企业的市场营销实践又作用于企业的市场营销实践的科学。它在21世纪初期起源于美国。第二次世界大战后的20世纪50年代，现代营销理论进一步形成，其基本内容有：市场分析与研究，营销对象及其选择，企业营销战略与营销策略等。现代营销学的基本特征是综合性与实践性。

关于市场营销的含义，著名现代营销学家、美国西北大学教授菲利浦•考特勒指出：“市场营销是与市场有关的人类活动，市场营销意味着和市场打交道，为了满足人类需要和欲望，去实现潜在交换。”“市场营销是一种社会过程：个人和团体通过创造以及与别人交换产品和价值来满足其需要和欲望。”考特勒的这个定义把市场营销定义为企业的活动，其目的在于满足目标顾客的需要，以此实现企业的目标。这是一个微观的定义。

美国市场营销协会（AMA）定义委员会在1960年给市场营销下的定义是：“市场营销是引导货物和劳务从生产者流转到消费者或用户所进行的一切企业活动。”由此，我们可以从几个方面理解市场营销的含义：

1. 市场营销分为宏观和微观两个层次

宏观市场营销是反映社会的经济活动，其目的是满足社会需要，实现社会目标。它由三部分构成：第一，国家、企业和政府三个参加者；第二，资源和产品两个市场；第三，资源、货物、劳务、货币及信息五个流程。微观市场营销是一种企业的经济活动过程，它是根据目标顾客的要求，生产适销对路的产品，从生产者流转到目标顾客，其目的在于满足目标顾客的需要，实现企业的目标。

2. 市场营销与推销、销售的含义不同

市场营销包括市场研究、产品开发、定价、促销、服务等一系列经营活动。而推销、销售仅是企业营销活动的一个环节或部分，是市场营销的职能之一，不是最重要的职能。

3. 市场营销的内涵随社会经济的发展而不断变化和扩充

第二次世界大战前的几十年只强调推销和销售，今天，市场营销已发展为系列化的经营过程，随着企业营销实践的发展而不断丰富其内涵。

市场营销活动的核心是交换，但其范围不仅限于商品交换的流通过程，而且包括产前和产后的活动。产品的市场营销活动往往比产品的流通过程要长。现代社会的交易范围很广泛，已突破了时间和空间的壁垒，形成了普遍联系的市场体系。

（二）市场营销的核心概念

市场营销作为一种复杂、连续、综合的社会和管理过程，是基于下列核心概念的运用之上的（图 3-1），只有准确地把握和运用市场营销的核心概念，才能深刻认识市场营销的本质。

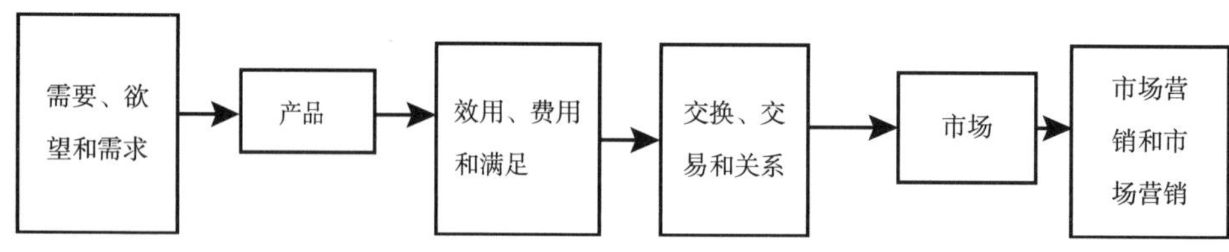

图 3–1　市场营销的流程图

1. 消费者的需要、欲望和需求是市场营销的出发点

满足消费者的需要、欲望和需求是市场营销活动的目的。需要——既包括物质的、生理的需要，也包括精神的、心理的需要，具有多元化、层次化、个性化、发展化的特性，营销者只能通过营销活动对人的需要施加影响和引导，而不能凭主观臆想加以创造。欲望——人的需要是有限的，而人的欲望是无限的，强烈的欲望能激励人的主动购买行为。需求——人们对某个产品有购买欲望且有支付能力。

2. 产品泛指满足人的特定需要和欲望的商品和劳务

人们在选择购买产品的同时，实际上也在满足着某种愿望和利益。作为营销者，如果只研究和介绍产品本身，忽视对消费者利益的服务，就会犯“市场营销近视症”而失去市场。

3. 效用、费用和满足

在诸多产品的购买选择中，消费者总是以根据多项标准去选择提供最大效用的产品作

为购买目标。

效用最大化是消费者选择产品的首要原则。效用的评价，既取决于厂商提供的产品使用的实际效用，也取决于消费者进行的效用对比评价。消费者的购买决策是建立在效用与费用双项满足的基础之上的，其购买决策的基本原则是选择用最少的货币支出换取最大效用的产品或服务。

4. 交换、交易和关系

交换是指以提供某种产品作为回报而从他人处换取所需要产品的行为。

人们只有通过市场交换产品时才存在市场营销。交换发生的基本条件是：交易双方互为满意的有价值的物品及双方满意的交换条件（价格、地点、时间、运输及结算方式等）。

5. 市场营销视市场为与卖者相对应的各类买者的总和

对市场的界定因人而异。消费者视市场为买卖双方聚集交易的场所，如百货商店、专卖店、摊群市场等。卖者构成行业，买者构成市场。

6. 市场营销与市场营销者

市场营销是指人与市场有关的一切活动，它是一个社会管理过程。市场营销者是指服务于目标客户市场同时又面临竞争者的公司组织。市场营销者的营销活动是在多种力量影响下进行的，他既是营销活动的主导力量，又受各种外部力量的制约。

市场营销系统的主要行为者及其影响力量如图 3-2 所示。

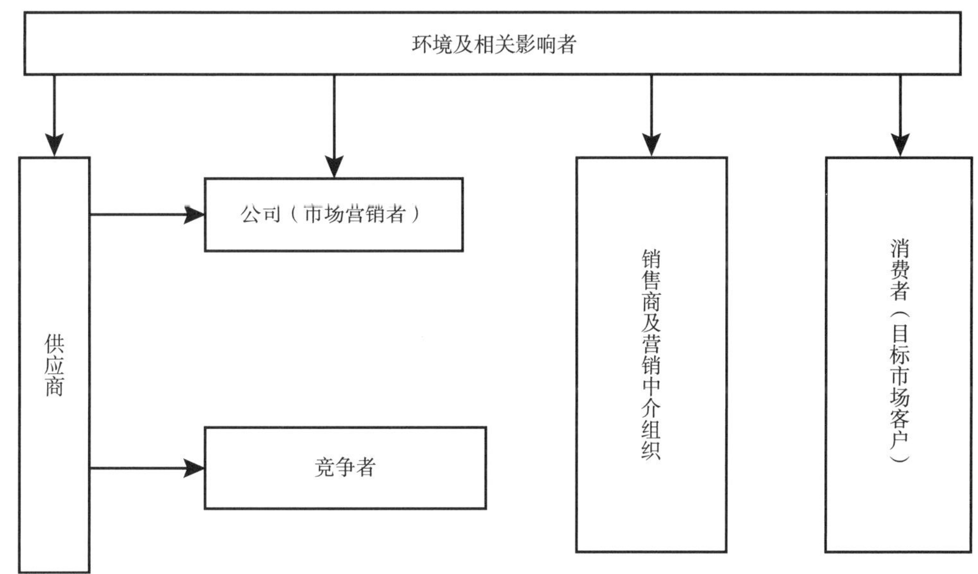

图 3–2　市场营销系统的主要行为者及其影响力量图示

（三）市场营销的功能与作用

1. 市场营销的功能

（1）交换功能。

在交换过程中，产品的所有权发生转移，买主主体需要对购买什么、向谁购买、购买数量、购买时间等进行选择；而卖主主体需要确定目标市场，努力促销并实施售后服务等。

（2）物流功能。

包括货物的运输和存储。它是实现商品交换的前提和必要条件。

（3）分等功能。

市场对产品按照一定的质量、规格、等级进行整理分类等。这也是市场交换中的标准化过程。

（4）融资功能。

这已是西方国家批发商和某些代理商的主要职能，即零售商从独立供货商进货，通常不必立即付清货款，有一定的信用赊销期限。独立批发商通过这种商业信用方式，向广大中小零售商提供财务援助。

（5）风险功能。

在市场营销过程中商品可能被损坏，可能不被市场需要或成为非时尚产品而卖不出去，不得不对产品进行削价出售。如果用户对产品质量不满意，还要实行包退包换。这就是产品的制造商和批发商要承担的市场风险。

（6）信息功能。

在市场营销过程中，批发商和零售商比制造商更为接近购买者，因此，他们更了解市场情况，更具有提供信息的职能：一方面向制造商提供用户需要哪些产品的信息和建议；另一方面向零售商提供新产品的说明，提出竞争价格的建议。

2. 市场营销的社会作用

市场营销是涉及千家万户的经济活动。通过市场营销活动要实现以下社会作用：

（1）产品的地点效用。

即沟通产销两地，使消费者能在适当的地方买到适合的商品。

（2）产品的时间效用。

即沟通生产者与消费者时间上的差异，使新产品能尽快被消费者认知，使消费者及时买到适当的产品。

（3）产品的占有效用。

即市场营销，使商品从所有者手中过渡到消费者手中。

（4）产品的形式效用。

即制造商通过销售商提供的“地点效用”“时间效用”和“占有效用”的市场信息，了解消费者对产品的功能及外形等需求，按照需求生产适销对路的产品。市场营销的社会作用说明，市场营销是联结社会需要与企业反映的中间环节，是企业用以把消费者需要的市场机会变成企业盈利机会的基本方法。但是，企业发挥市场营销的作用如何，与企业自主权和经济责任大小密切相关，也同生产与营销的体制的紧密程度密切相关。烟草行业实行产供销一体化的专卖专营体制以来，加强了产销衔接，市场营销的效率不断提高，成为

全行业大幅度增加经济效益的重要原因之一。

3. 市场营销在企业管理中的作用

在现代企业管理中，营销职能是属于核心位置的管理职能。这是因为：

（1）企业经营的主要任务是吸引、保持和扩大顾客。

如果企业不能赢得更多的顾客，企业就失去了存在的价值和意义。市场营销的基本任务就是在动态的管理过程中（市场调查—市场定位—生产—销售—目标顾客），以优质的产品、合理的价格、全方位的服务，实现顾客满意的利益和需求。

（2）企业管理是一个复杂的系统工程。

实现顾客需求的高度满意，必须有职能部门的通力合作和协调配合，然而这种配合协作应以营销管理为中心，脱离了营销宗旨和任务的生产管理、财务管理和人力资源管理，无论其管理效益多高，也没有实际意义。

（3）企业经营管理的基本任务是认识和研究目标市场的顾客需求，在此基础上将企业各种资源优化组合，提供能充分满足顾客欲望和需求的产品或服务。

市场营销正是实现市场需求与企业经营有效联接的基本功能。与其相比，生产管理、人力资源管理均属于辅助职能，必须围绕着提高市场管理能力提供辅助功能。

（4）市场营销管理实质上是顾客需求管理，是企业由内至外、内外结合的管理。

企业赢得顾客，是衡量企业绩效和竞争地位的首要标准，失去了顾客便失去了企业的生命力。与营销管理相对而言，生产管理、财务管理、人事管理均属于企业内部各种要素的职能管理，它们必须服务于营销管理这个中心，否则，便失去其管理的实际意义。

二、市场营销的基本观念

营销观念是贯穿于整个营销工作的指导思想，它也反映出一个企业的经营态度和经营方式。

（一）不同的营销观念

企业的市场营销活动可以在不同的指导思想下进行，即不同的营销观念决定着企业从事不同的营销活动。一般认为，生产观念、产品观念、推销观念、市场观念、社会观念，是具有代表性的不同的企业营销观念。我们从中可以看到市场营销观念产生和发展大体经历的几个阶段：

1. 生产观念

生产观念产生于 19 世纪末 20 世纪初。由于社会生产力水平还比较低，商品供不应求，市场经济呈卖方市场状态。正是这种市场状态，导致了生产观念的流行，表现为企业生产什么产品，市场上就销售什么产品。在这种营销观念指导下，企业的经营重点是努力提高生产效率，增加产量，降低成本，生产出让消费者买得到和买得起的产品。因此，生产观念也称为“生产中心论”。

生产观念是指导企业营销活动最古老的观念。曾经是美国汽车大王的亨利·福特为了千方百计地增加T型车的生产，采取流水线的作业方式，以扩大市场占有，至于消费者对汽车款式、颜色等主观偏好，他全然不顾，车的颜色一律是黑色，这就形成了企业只关心生产而不关心市场的营销观念。我国卷烟市场在20世纪80年代初期也曾出现过不尊重消费者偏好，对产品强行搭配出售的情况，也是一种只顾卖产品，不顾消费者需求的生产观念。

2. 产品观念

产品观念认为，产品销售情况不好是因为产品不好，消费者喜欢质量优、性能好和有特色的产品。只要企业致力于制造出好的产品，就不愁挣不到钱。“酒香不怕巷子深”是这种观念的形象说明。企业总是在生产更好的产品上下功夫，而却常出现顾客不识货、不买账的情况。由于这个原因导致企业失败，就是因为这种生产观念仍是从自我出发，孤芳自赏，使产品改良和创新处于“闭门造车”状态。

3. 推销观念

第二次世界大战后，资本主义工业化大发展，社会产品日益增多，市场上许多商品开始供过于求。企业为了在竞争中立于不败之地，纷纷重视推销工作，如组建推销组织、培训推销人员、研究推销术、大力进行广告宣传等，以诱导消费者购买产品。这种营销观念是“我们会做什么，就努力去推销什么”。由生产观念、产品观念转变为推销观念，是企业经营指导思想上的一大变化，但这种变化没有摆脱“以生产为中心”“以产定销”的范畴。前者强调生产产品，后者强调推销产品。不同的是生产观念是等顾客上门，而推销观念是加强对产品的宣传。

4. 市场观念

这是买方市场条件下以消费者为中心的营销观念。这种观念认为：实现企业目标的关键是切实掌握目标消费者的需要和愿望，并以消费者需求为中心，集中企业的一切资源和力量，设计、生产适销对路的产品，安排适当的市场营销组合，采取比竞争者更有效的策略，满足消费者的需求，取得利润。

营销观念与推销观念的根本不同是：推销观念以现有产品（即买主）为中心，以推销和销售促进为手段，刺激销售，从而达到扩大销售、取得利润的目的。市场营销观念是以企业的目标顾客（即买主）及其需要为中心，并且以集中企业的一切资源和力量、适当安排市场营销组合为手段，从而达到满足目标顾客的需要、扩大销售、实现企业目标的目的。

可见，市场营销观念把推销观念的逻辑彻底颠倒了，不是生产出什么就卖什么，而是首先发现和了解消费者的需要，消费者需要什么就生产什么、销售什么。消费者需求在整个市场营销中始终处于中心地位。它是一种以顾客的需要和欲望为导向的经营哲学，是企业经营思想的一次重大飞跃。

5. 社会营销观念

这种经营思想是对市场营销观念的重要补充和完善，基本内容是企业提供产品不仅要

符合消费者的需要与欲望，而且要符合消费者和社会的长远利益。企业要关心与增进社会福利，强调将企业利润、消费需要、社会利益三个方面统一起来。

社会营销观念出现于20世纪70年代，它的提出一方面是基于“在一个环境恶化、爆炸性人口增长、全球性通货膨胀和忽视社会服务的时候，单纯的市场营销观念是否合适”这样的认识，另一方面也是基于对广泛兴起的以保护消费者利益为宗旨的消费主义运动的反思。他们认为，单纯的市场营销观念提高了人们对需求满足的期望和敏感，导致了满足眼前消费需要与长远的社会福利之间的矛盾，导致产品过早陈旧，环境污染更加严重，也损害和浪费了一部分物质资源。正是在这种背景下，人们又提出了社会营销观念。

新旧市场营销观念的对照，如表3-1所示。

表3-1 新旧市场营销观念对照表

<table>
<tr><th colspan="2">营销观念</th><th>市场特征</th><th>出发点</th><th>手段</th><th>策略</th><th>目标</th></tr>
<tr><td rowspan="3">旧观念</td><td>生产观念</td><td>供不应求</td><td>生产</td><td>提高产量降低成本</td><td>以产定销</td><td>增加生产取得利润</td></tr>
<tr><td>产品观念</td><td>供不应求</td><td>产品</td><td>提高质量增加功能</td><td>经高质取胜</td><td>提高质量获得利润</td></tr>
<tr><td>推销观念</td><td>生产能力过剩</td><td>销售</td><td>推销与促销</td><td>以多销取胜</td><td>扩大销售获得利润</td></tr>
<tr><td rowspan="2">新观念</td><td>市场营销观念</td><td>买房市场</td><td>顾客需求</td><td>整体市场营销</td><td>以比竞争者更有效地满足顾客需求取胜</td><td>满足需要获取利益</td></tr>
<tr><td>社会营销观念</td><td>社会营销观念</td><td>买房市场</td><td>顾客需要、社会利益</td><td>以满足顾客需要和社会利益取胜</td><td>满足顾客需要增进社会利益获得经济</td></tr>
</table>

（二）营销观念的新发展

20世纪80年代以来，随着国际形势的变化，市场营销理论得到了进一步的发展，出现了许多新型的营销观念。

1.竞争观念

其主要含义是企业要在竞争中处于有利地位，必须首先识别那些未被竞争者满足的市场需求，或是还未被充分提及的市场需求，然后在盈利或符合企业目标的前提下，使企业营销活动积极参与市场竞争，采取合理合法的竞争手段，以适销的产品、合理的价格、优良的服务、及时准确的信息，有效的促销措施和良好的信誉，争夺消费者，争夺市场，争得效益。

竞争观念最初是由加拿大产业市场营销研究协会主席兰•戈登教授在1986年提出的。

2.大市场营销观念

美国人科特勒提出了这个观念，定义是为了成功地进入特定市场，并在那里从事业务经营活动，在策略上使用经济的、心理的、政治的和公共关系的手段，以博得外国或地方各有关方面的合作与支持。这里的特定市场，主要是指贸易壁垒很高的封闭型或保护型的市场，在这种市场上，已经存在的参与者和批准者往往会设置种种障碍，使得那些能够提供类似产品，甚至能够提供更好的产品和服务的企业也难以进入，无法开展经营业务。

大市场营销观念发展了市场营销观念和社会营销观念：

（1）在企业与外部环境关系上，突破了被动适应观点，认为企业不仅可以通过自身的努力来影响，而且可以控制和改变某些外部因素，使之向有利于自己的方向转化。

（2）在企业与市场和目标顾客的关系上，突破了过去那种简单发现、单纯适应与满足的做法，打开产品通道，积极引导市场和消费，创造目标顾客需要。

（3）在市场营销手段和策略上，在原有的市场营销组合中，又加进了政治手段和公共关系两种重要手段，从而更好地保证了市场营销活动的有效性。

3. 关系营销观念

关系营销观念最早由美国营销专家巴巴拉·本德·杰克逊于 1985 年提出。这个观念的提出是各种社会因素共同作用的结果：

（1）20 世纪 80 年代末以来，企业面临的市场环境发生了很大变化，由于物质产品供给剧增，市场竞争激烈，在这种情况下，谁与顾客建立稳定的交易关系，谁就能拥有更多的未来销售机会。

（2）企业从经济利益出发，认识到市场营销不仅要争取新顾客，而且要保持老顾客，因为保持老顾客花费的支出比争取新顾客要少得多。因此，关系营销在实践中逐渐被认同和加以运用。其基本含义是企业要与顾客、经销商创造更亲密的工作关系和相互依赖的关系，从而发展双方的连续性交往，以提高品牌忠诚度，巩固和扩大市场销售。

三、市场营销管理概略

企业确立正确的营销思想，仅是获得营销成功的先决条件之一，企业的营销成功要通过营销的管理来落实正确的营销观念。所谓企业营销管理，是指企业把科学的管理技术和方法用于对市场营销的管理，通过营销的管理系统（营销情报、营销策划、营销组织和营销控制四个系统）发现、分析、选择和利用市场营销机会，以实现企业任务和预期目标的过程。

（一）市场营销的组织形式

1. 功能式组织

这是传统的市场营销组织形式。它是根据市场营销需要完成的工作来设立机构，是直线职能制，如图 3-3 所示。

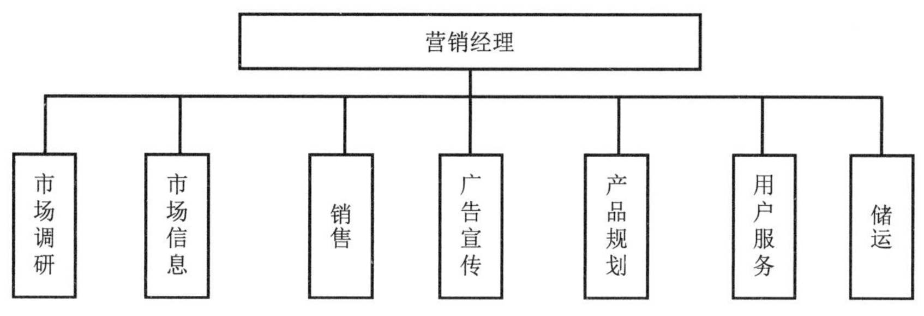

图 3–3 功能式组织架构图

其优点是行政管理工作简化，其缺点是由于各机构独立性较强，各功能会强调自己功能重要，而不利于内部协调行动。

2. 产品式组织

随着产品品种的增多，为了突出对产品的重视，把产品作为独立部门，其优点是经营的所有产品都受到一视同仁的对待，使产品销售量普遍提高。同时，营销专业人员负责一种或几种产品，易于熟悉产品知识和特点。其缺点是可能增加营销人员，同时会出现几个部门的人员在同一地区重复销售的状况。

3. 地区式组织

这多是大公司、大工厂所采取的组织形式，如图 3-4 所示。

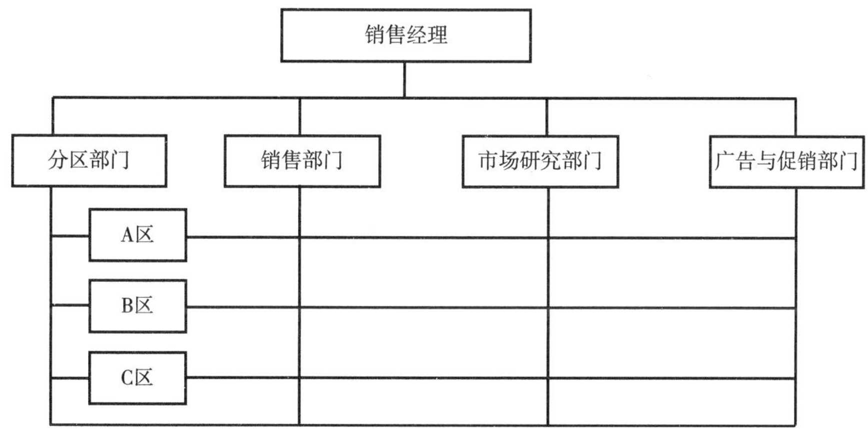

图 3–4 地区式组织架构图

这种组织形式能使产品的销售范围变广。由于各地区有不同特点，这种形式可以在不同地区采取不同的营销策略，以实现共同的目标。同时，其结构简单，分工明确，便于考核营销人员成绩。其缺点是机构分散，各地区容易各自为政，不易协调。

4. 市场式组织

又叫“顾客式组织”，是指按照本企业产品销售的市场（顾客）差异设立市场营销组织，由专人负责不同购买者类型的营销业务。这是当企业的市场销售种类较多且差异较大时建立的组织形式。其优点是有利于企业全面掌握不同市场的特殊营销规律，了解市场的特殊需要，发现潜在市场。缺点与产品式组织相同。市场营销组织不论采取什么形式，其任务都是为了从组织上保证企业整个营销任务的完成，其根本任务都有调研、计划、执行和服务四个方面。为了保证任务的完成，企业内部必须搞好协调，调动各方面的积极性，团结一致地全面实现企业营销目标。

（二）营销管理的基本任务

市场上的需求状态是不断变化的，具有 8 种典型的需求状态，不同的需求状态应实施不同的营销管理，如表 3-2 所示。

表 3–2　营销管理的基本任务

市场需求状态	营销类型	应改变的状态
负需求	改变营销	正需求
无需求	刺激营销	有需求
潜在（隐）需求	开发营销	实际需求
下降需求	再营销	恢复需求
不规则需求	同步营销	适应需求
充分需求	保持营销	维持需求
溢余需求	减少营销	降低需求
有害需求	反营销	消灭需求

营销管理的任务，就是针对市场上各种不同的需求情况，采取不同的营销方式来适应市场需求的变化，以取得预期的营销结果。

（三）营销管理的具体过程

1. 分析市场机会

市场机会是指市场上存在的未被满足的消费需求。在当今的时代，没有一家公司可以依赖目前的市场和产品而绵延不绝，长盛不衰的。所以，任何企业都必须不断地寻找、发现和分析新的市场机会，为企业的生存和发展寻找出路。

（1）发掘市场机会。

企业可以通过系统化或非正式化的方法来随时注意获取市场情报，寻找新的市场机会，以产生市场开发的新构想。发现市场机会，一是可以在现有市场上挖掘潜力，指导现有的产品进一步渗透到现有的目标市场上去，扩大销售量；二是可以在现有的产品无潜力可挖的情况下，以现有的产品开发新的市场；三是在市场开发无潜力可挖时，考虑进行新产品开发；四是当产品开发也已潜力不大时，可根据自身资源条件考虑多角化经营，在多种经营中寻求新的市场机会。目前美国的烟草跨国公司菲利浦·莫里斯公司的非烟产业实现的利润已占到利润总额的 60% 以上。

（2）评估市场机会。

在发掘市场机会后，进行市场机会的鉴别是营销成功的重要前提。要使市场机会变成企业的机会，必须与企业的目标相一致。同时，企业还必须具有利用该市场机会的能力。如果市场机会与企业目标不一致，或企业暂时无能力开发，则是不适宜的市场机会。因

此，评估好与企业目标相匹配的市场机会，是正确制定企业经营战略的一个关键环节。上海烟草集团公司成立以来，注重“以烟为主，多种经营”的市场开发，他们建立并注重发挥多种经营评估机构的作用，大大减少了烟外产业的经营决策的失误，烟外产业及商业环节实现利润已接近全部利润的 50%。

2. 选择目标市场

在发现和评估市场机会中，往往会产生许多新的市场开发构想。企业要做的是如何从若干好的构想意见中遴选出最能符合企业目标与开发能力的一项作为开发任务。

这需要经常做四个步骤的事情：

（1）市场需要衡量与预测。

即对市场开发的现状与未来的前景做严密的估计。每个企业都希望进入前景良好的市场。由于影响未来市场的因素很多，所以这种预测相当困难。这对企业是很大的挑战，必须做好。

（2）市场细分。

假若企业对市场开发的预测很一致，企业还必须进行市场细分的工作。经营者要通过“地理变数”“人口变数”“心理变数”“行为变数”来细分市场。

（3）选择目标市场。

细分后的市场各有不同的需求，企业要选择其中的一个或几个进行经营。

（4）市场定位。

企业一旦选定目标市场，就要研究如何在目标市场上进行产品的市场定位，即勾画产品形象，为自己的产品确定一个合适的市场位置。

3. 拟定市场营销组合

企业制定出产品开发定位的计划后，便可开始策划市场营销组合的细节。市场营销组合是企业针对确定的目标市场，综合运用各种可能的营销手段，组合成一个系统化的整体策略，以便达到企业的经营目标。

市场营销的手段有几十种之多，麦卡锡把这些手段归为 4 个因素，简称“4PS（4P 营销理论）”，即产品（Product）、价格（Price）、分销（Promotion）和促销（place）。

（1）产品代表。

企业提供给目标市场的货物或服务的组合，包括产品的品牌、包装、品质、服务以及产品组合等内容。

（2）价格代表。

消费者为获得该产品付出的金额，包括制定零售价、批发价、折扣和信用条件等。

（3）分销代表。

企业为使产品送达目标顾客手中所采取的各种活动，包括发挥批发商和零售商的作用等。

（4）促销代表。

企业为宣传其产品优点及说服目标顾客购买所采取的各种活动，包括广告、人员推销、营业推广及公共关系等。

4. 组织、执行和控制市场营销

为了贯彻落实营销工作，必须设立一个营销组织，由营销经理负责组织实施。营销经理（主管厂长）的任务，一是协调所有营销人员的工作；二是与财务、生产、研究与开发、采购和人事主管密切配合，同舟共济；三是善于督导、激励、考核、培训下属，检查任务执行情况。在市场营销计划落实中，常常会发生许多意想不到的情况，企业需要以控制行动来保证市场营销目标的实现。

市场营销控制有三种类型：

（1）年度计划控制。

其任务是确保企业能完成年度计划规定的销售额、利润和其他目标。为此，第一，必须在营销年度计划中设定每月、每季的明确目标；第二，必须采用能衡量市场实际成效和进度的方法；第三，必须找出执行计划中存在严重偏差的原因；第四，必须及时解决问题消除目标与成效间的差距。可能需要改进计划执行方式，甚至改变原定的目标。

（2）利润控制。

企业必须定期分析不同产品、顾客群、批零渠道商的实际获利情况。尽管企业的会计系统很少能真正及时反映出营销活动的盈利情况，但营销主管还是要想尽办法完成和超额完成利润计划任务。

（3）策略控制。

由于市场营销的内外环境是不断变化的，企业的目标、计划和策略有极易过时的可能性，很多企业都因没有注意瞬息万变的市场变化而招致困境。因此，企业需定期检查市场营销环境、策略、系统运行、组织功能等情况，以加强实施控制。为此需要通过企业营销四大系统——营销情报、营销策划、营销组织和营销控制系统的彼此关联、密切合作的工作，来实行计划执行过程中的及时控制。

第二节　市场营销专业实践教学的现状分析

当前市场营销专业实践教学是模拟市场运行环境来实现学生实践能力的培养。市场营销模拟教学中使用较多的模拟实训包括市场营销综合模拟实验、商务谈判模拟实训、ERP和电子商务模拟实验等，它能够将市场情境具体、形象地展现在学生面前，让学生体会并参与到市场营销活动中。现在很多院校都将学生专业实习与企业实际需求相结合，并组织

学生参观企业、了解企业和与企业交流，鼓励学生提出自己对市场营销的见地、问题及营销策略，以此提高学生实践应用能力，为毕业从事相关行业岗位工作奠定坚实的基础。

一、实践教学在营销类专业人才培养中的重要性

（一）职业岗位的工作特性要求重视营销实践教学

目前，我国销售类营销人员不仅在营销职业岗位需求中所占比重最高，而且也是高职营销类专业毕业生就业的主要方向。由于销售类营销职业岗位具有环境复杂性、灵活应变性、双向沟通性、及时反馈性等特点，使得教材上的理论知识不可能解答所有实际工作中遇到的问题，许多情况都需要营销人员对顾客提出的问题或异议作出及时反应及灵活处理。职业岗位的工作特性使得实践教学成为培养学生专业技能的重要途径。

（二）专业培养的目标特性要求应以实践教学为主

高职营销类专业人才培养目标具有定向性、直接性、兼容性的特点。定向性指营销类专业人才服务对象为工商企业，直接性表现在工作岗位是面向营销与管理工作的第一线，兼容性是专业人才培养注重德、智、体、美等全面发展。实践教学可以帮助学生了解工商企业经营活动的基本内容和组织架构的基本特征，对营销活动的具体流程和工作方法由感性认识上升到理性体验。通过实践教学加强学生在吃苦耐劳精神、道德诚信品质，提高逆境熵数、抗压水平等；培养学生的专业技能，提高解决实际问题的能力；经常性地户外奔波或长时间的门店推广，锻炼了营销专业学生的体魄；经济利益最大化往往使从业者迷失方向，营销实践教学有助于帮助学生辨清善恶是非，树立正确的道德观、价值观和营销观。

（三）课程结构的逻辑特性要求注重实践教学形式的运用

基于工作过程构建的课程体系，各门课程的学习任务具有较强的逻辑关系，前续课程学习任务的完成对后续课程学习具有重要的支撑作用和促进作用。营销类专业核心课程，如“市场营销”“市场调查与预测”“市场营销策划”“推销技巧”“商务谈判”等课程不仅实践性强，而且各课程相关技能间具有明显的衔接关系，单凭理论教学或课堂练习无法实现学生掌握实践技能的目的。因此，营销类专业课程教学应注重实践教学形式的运用。

（四）高职教育的本质特性决定了实践教学的重要地位

高职教育具有高等教育和职业教育的双重属性，既属于高等学历教育，又属于职业教育中较高的层次。高职教育应以培养高技能应用型人才为目标，而加强实践教学是实现这一目标的重要途径。

二、高职营销类专业实践教学形式综述

为了提高营销类专业学生技能水平，达到用人单位的需求标准，高职院校教师不断地

探索与创新实践教学模式，目前来说主要有以下几种形式：

（一）课堂实训教学

课堂实训教学是营销类专业实践教学的一种基本形式。这种实践教学一般与课程学习内容同步，在现实一体化教室里进行，借助于计算机、网络平台或学习软件开展实践学习，如网络营销课程、电子商务课程等，其优点在于能达到“学中做，做中学”的良好效果，不足之处在于课堂时间有限，不能进行展开充分练习。

（二）课程综合实习或实训课程

综合教学实习或实训是高职教学常用的实践教学形式，根据实习或实训安排时间不同又分为两种类型。一种是在该课程理论教学完成之后进行综合实习或实训，其优点是实习或实训内容与前面所学的理论知识联系紧密，能巩固所学，同时可获得相应技能的提高；缺点是实习或实训时间集中安排在课程理论教学之后，不能达到边做边学的效果，而且有些课程实习或实训时间过短，内容单一，对技能的提升作用非常有限。另一种形式是实践教学周模式，它与综合实习或实训的不同在于可以根据课程学习进度来灵活安排 1 至 2 周的实践教学时间穿插在课程学习的不同阶段进行。优点在于所学与所练能及时结合，与教学实习相比实践时间较为充分，尤其重视核心课程的实践教学，对专业技能形成具有良好的促进作用；其不足之处在于，实训场所仍然局限在校内实训室或校内实训基地——多是仿真的实践环境，与真正的实践教学有一定差距。

（三）分批交替轮岗制

一般是在营销专业学生进入二年级或三年级时分阶段进行的实践教学方式，即将专业学生分成两个批次在不同的学期或同一学期的不同阶段进入企业进行交替轮岗实习。这种模式一般在校外紧密型实训基地或“订单式”企业里进行，其优点在于实践学习时间较充分，学生能够接触真正的营销实践环境，有利于实践技能的快速提高，返校后再学习能够增进学生对知识的理解。其不足之处在于，学生分批次集中到岗实习和在校学习的轮换增加了教师教学的负担，而且到岗实习的学生管理难度增大，与实习单位的协调工作内容增加，校外实习完成之后，学生对校内学习仍需要一个适应和调整阶段。

（四）集中顶岗实习制

集中顶岗实习制与分批交替轮岗制的共同之处在于实习时间较为充裕，不同之处在于集中顶岗实习制是学生在校内先完成前两年的理论学习和专业技能学习之后，再集中到企业进行顶岗实习，分批交替轮岗制则是分批次派送学生在校外进行实践学习，之后再回到学校完成理论学习的方式。集中顶岗实习制的优点在于通过两年的校内集中学习，学生的专业知识相对比较扎实，在用人单位能争取到更多的实践机会和发展机会，校内外双指导教师有助于学生在就业前得到更多的技能提升和实践经验。其不足之处是需要寻找更多的实习单位来保证每个学生的实习机会，同时，由于学生的思想在这一阶段逐渐成熟，独立

选择的意愿较强，不利于进行集中指导和过程监督，实习管理难度较大。

（五）校内创业实践教学

校内创业实践教学是义乌工商学院创建的一种新型实践教学模式，该模式主要是依托于网络购物日渐盛行的消费趋势和浙江义乌小商品批发市场丰富的商品资源，以及淘宝网提供的电子商务平台，以批量培养学生网商为主的一种创业实践教学模式。在这种教学模式下，学生将创业实践搬进课堂，可以边学习、边创业，其优点在于可极大地激发学生创业的热情，授课以实践教学为主，理论教学服务实践教学，符合高职学生学习的特点，提高了学生的创业实践技能，同时也解决了学生的就业问题。但需要注意的是，非创业型学生的专业技能培养，处理好创业与专业学习之间的关系，并关注高职学生在创业过程中的长远发展和知识储备，培育终身学习的能力。

三、市场营销实践教学现状

（一）教学中的理论与实践环节协调性不足

理论与实践协调性不足的主要表现是重理论轻实践的现象十分明显。大多数学生对于“营销 4P 理论”都能倒背如流，但却很少有人运用这个理论分析实际的营销案例，更没有人在自己的实习过程中用这一理论指导工作。教学环节对理论的重视程度要远远大于对实践的重视，这在教学安排和课程设计上也有所体现。学生一天的有效学习时间为 6 个小时，而这黄金学习时间都被安排在教室内听教师的理论讲解。只有很少时间接触实践锻炼，而且实践教学与理论教学的结合也不是十分紧密。在这样的情况下，容易造成实践教学的基本矛盾。

（二）实践教学功能的教材缺乏

实践教学的重要性要求其应当成为一个独立的体系，有专门的教师进行教学科研工作，针对实践教学还应当设计专门的教材。因为实践教学是一门非常复杂的教学系统，涉及很多学生没有接触过的内容和知识，这些在理论课程中是难以完成和实现的。因此，设计专门的教材应当成为市场营销教学中的一项基本要求。当前的高职实践教学过程中很少有专门的教材。有的高等院校注意到了实践教学的重要性，同时也体会到了一些具体的实践环节注意事项和技巧确实对学生造成了不良影响，但是就算认识到这种情况也仅仅是编辑了一本实习手册了事。

（三）校企合作的实效性不强仍是最大问题

当前校企合作已成为高职培养应用型人才的一项重要举措，经过长期的发展积累了丰富的经验，但从人才的素质和技能方面看，校企合作这种实践教学方式仍然有很大的开发空间。实效性不强的主要表现就是学生在经过一定时间的锻炼后并没有增强本专业的实践技能。在企业环境中，大多数学生从事着与所学专业不相关的工作，没有机会走上关键工作岗位或者正式工作岗位真刀真枪地锻炼，这种现状大大制约了校企合作实效性的提升。

四、市场营销实践教学存在问题的原因

（一）资源不足

当前市场营销实践教学面临困境，致使学生在实践教学过程中收效甚微，造成这种现象的一个最大的不利因素就是资源不足。师资力量长期得不到巩固和加强，实训基地的建设面临较大的财政压力，教师实践技能培训无法正常开展等资源方面的限制为实践教学的开展造成了很大阻力。其中，教师资源不足是影响实践教学的一个最关键因素，主要表现在两个方面：一是数量不足，二是质量不足。我国高等院校近几年经历了高速扩张的进程，招生数量在短短不到十年的时间里出现了井喷式的增长，由此造成的最明显的不适症状就是教师数量的相对缩小。在以往的高等院校教学中，一名市场营销理论教师负责两个班级的教学，而现在却要负责全系教学，教师资源十分紧张，为了缓解这种危机状况，高等院校在教师招聘环节已投入很大精力，而且为了能够招到大量的人才，在标准和要求方面也是一降再降，这种饮鸩止渴的方式又造成教师队伍质量的下降。教师的实践技能目前已很少成为高等院校选拔人才的主要参考，教师的实践教学能力因此难以满足学生需求。

（二）实践教学模式陈旧

目前市场营销实践教学主要包括案例讲解、实验室教学、实习基地教学等不同环节，这些教学过程中存在的一个重要问题就是模式陈旧，如实习环境，实习环境的选取是实践性教学中的一个基本环节，高等院校应根据教学工作开展的基本状况选取适合学生的实习环境，从而在不同阶段对他们的不同实际能力进行必要的训练和强化，而在这些阶段，学生又要根据自己能力欠缺的地方选择适合自己的实习环境。从这个要求来看，实习环境的选取是一项带有较高科学性的工作。不是无计划地随机选取，更不是盲目开展的。但在当前的实践性教学工作中，我们的教学实际环节的选取在很多方面还带有一定的盲目性，实习环境与学生的需求之间存在很大的不对称，造成整个实践性教学低效开展。

案例教学环节，教师选的营销案例长期不更新，使学生在上课之前就知道教师要举什么案例，做何种分析。这样的案例教学实质上无法满足学生好奇心的需求，吸引不了他们的注意力。调查显示，市场营销专业学生中约有 69% 的学生反映教学案例陈旧是影响他们听课积极性的最大因素。实习环境和案例内容成为影响市场营销专业实践性教学的最大不利因素，学生的实践锻炼长期处于低效运转状态是造成市场营销专业学生实践技能提升受阻的主要原因，见表 3-3。

表 3–3 阻碍市场营销专业学生实践技能提升的主要因素分析

主要因素	影响听课积极性的因素	影响实习主动性的因素	参与实践教学的动力	排斥该课程的原因
案例内容	68.8	35.2	23.2	35.1
实验室设备	9.1	19.1	34.5	43.2
实习环境	3.5	44.5	33.1	15.1
其他	5.1	4.1	22.3	13.6

（三）实践教学创新乏力

实践教学的基本精髓就是创新，因为实践本身就是一个不断变化的过程，缺乏创新动力也必将成为院校学生实践过程中的一个最不利的影响因素，在这样的基础上，应当不断加大他们在这些方面的创新工作力度，同时加强学生创新成果的基础上制定相关的激励措施。但是，就目前工作情况来看，关于创新的工作机制和制度安排并没有现实的可行性，这是造成创新工作不力的一个主要原因。

当前随着我国市场经济的深入发展，市场竞争环境不断恶化，企业之间的争夺更是惨烈。营销能力已成为影响企业生存的一项最基本能力。各种市场营销的理念和技术手段层出不穷，为此，我们应当更加注重对正在发生着的新变化进行了解和调研，以此作为充实教学的基本手段，同时还应当不断提供学生参与竞争的机会。

第三节 市场营销专业实践教学的发展趋势分析

一、专业教学改革的目标和指导思想

（一）市场营销专业教学改革的目标

市场营销专业教学改革的目标是以中共中央国务院《关于深化教育改革全面推进素质教育的决定》为指导，以提高人才培养质量为宗旨，加快人才培养模式的改革和创新，提高教师队伍素质，提高高职高专市场营销专业教育的办学水平。其中主要以教学改革为中心，以专业应用能力和创新能力培养为主线，以课程体系、教学内容和教学方法改革为重点，大力加强教材建设、师资队伍建设和实习基地建设，力争用三年时间，将我校市场营销专业建设成师资一流、特色显著、设施精良、质量上乘的全省乃至全国高职高专市场营销专业教育示范专业。

具体教改与建设目标如下：

（1）探索并形成以培养市场营销专业高级应用型人才为目标，具有先进教育思想和时代特色、符合高等教育要求的营销人才培养方案。

（2）探索和形成完善的“双师型”教师队伍建设机制。培养一支学历学位和教学水平高、富有实践经验、结构合理的市场营销专业教师队伍。

（3）积极开展市场营销人才培养模式改革和创新，产学研相结合，工作取得实质性进展并形成长效机制。积极推行订单式培养、“双证书”制度等多种人才培养模式，建设一批设备优良、体系完备、相对稳定的校内外实践教学基地（中心）。

（4）深化市场营销教学方法和手段的改革，促进现代教育技术在市场营销专业教学活动中的广泛应用。

（5）在市场营销专业课程建设、教材建设、教学制度建设、教学研究等方面成效显著，取得较为突出的研究成果。

（6）培养一批适应我省经济社会发展需要的市场营销高级应用型人才，使我校市场营销专业的毕业生具有良好的社会声誉。

（二）市场营销专业教学改革的指导思想

市场营销专业教学改革的指导思想是以邓小平教育思想为指导，认真落实《教育部关于加强高职高专教育人才培养工作的意见》的文件精神，以素质教育为核心，坚持以育人为根本，以培养高级应用型市场营销人才为根本任务；以适应社会需要为目标，以培养专业应用能力为主线设计学生的知识、能力、素质结构和培养方案；积极探索产学研结合的人才培养模式，按照有利于学生基本素质提高，有利于学生职业能力培养，有利于教育教学规律贯彻的原则设计人才培养方案；以现代化教学模式为方法，培养学生的全面素质、实践能力和创新能力为重点，把理论研究和教育实践相结合，不断提高教学水平和教学质量，培养适合社会需要的、高素质的应用型人才。

二、专业教学改革的基本思路

教学改革的基本思路包括以下内容：

（一）努力创造高等市场营销专科教育的特色

这次教学改革成败的关键在于找准高职高专营销专业教育在整个高教体系中的层次定位，再整合学校类型、层次、学科水平、师资力量等因素，形成自己的专业个性特色，去参与市场竞争，用自己的办学优势和声誉去赢得市场，才能很好地满足市场经济条件下社会对此层次营销专业人才的需求。有需求才有市场，才有本专业生存和发展的机遇，这就要求我们必须将市场营销专科教育与市场营销本科教育严格区别开，创造自己的高职高专教育特色。二者的区别主要表现在以下几个方面：

1. 在人才培养目标上

营销本科教育培养的是具有创新潜力的技术和技术开发的应用型和研究型人才，体现以通识为基础，不仅要求掌握营销专业必备的专业知识，还要求具备与营销相关的专业知识；不仅要求具备从事营销实际工作的能力，还要求有一定营销理论研究能力。而营销专科教育培养的是掌握营销职业（或专业）所需要的基础知识和专业知识，具有从事营销职业（或专业）的综合素质和职业能力的技能型人才，强调专业性和实践应用性。

2. 在人才培养模式的实现方式上

营销本科教育虽然也重视技术应用能力的培养，重视实践教学，但更加重视理论教学；营销专科教育则是以实践教学为基础和主要内容，培养学生的职业能力，营销知识的应用能力，以体现其人才培养的技能型和实用性特点。

3. 在知识的构建上

营销本科教育是为学生搭建可塑性的知识框架，对学生掌握知识的要求较高，强调知识体系的完整、系统性，强调以通识为基础的深厚营销专业理论基础、宽广的专业知识面和较强的科学创造能力；营销专科教育是为学生搭建定性强的技能模块，在知识构建上以“够用”和“实用”为限，以学生掌握营销职业岗位技能和技术操作性要求的知识为主。

4. 在课程结构上

营销专业教育的课程结构应包括必修课与选修课两大类，其中必修课应包括基础课和专业课，选修课应包括专业选修课和非专业选修课。但本科教育中，其课程选择范围要更广些，专业理论课程占的比重更大些。而专科教育中，课程范围涉及面要窄些，在其必修课中实践性课程应占有相当的比重，尤其专业必修课应辅以大量的案例教程，强调理论与实践的结合。

5. 在教材体系上

营销专科教育的教材体系应包括基本教材和辅助教材两大类，基本教材主要介绍本专业及相关学科的基本理论、基本知识和基本方法，并且不能套用本科教材，只能选用适合专科层次需要的教材；辅助教材主要满足实践性教学和培养学生专业应用能力、创造能力的需要。

6. 在教学方式、方法和手段上

营销专科教育应普遍采用“课堂理论教学 + 案例分析（模拟实验）+ 基地实习”的方式；大量采用启发式、体验式、情景式、互动式等教学方法，形成多媒体教学、案例教学、仿真模拟教学、实战演练教学等大信息含量和技术量的现代教学方法体系；在传统教学手段的基础上，尽量采用先进的教学手段。

（二）以专业应用能力和基本素质培养为主线，建立营销专业人才的知识、能力和素质结构

市场营销专科学生知识结构的核心是营销学（市场营销学、营销策划学、推销学、市场调查与预测、广告学、国际营销学、商务谈判等）基本理论与基本方法，此外还包括西方经济学基础理论，管理学（管理学原理、企业管理、财务管理、人力资源管理、统计学等）基础理论，经济法学基础理论，英语、高等数学等基础理论和一些提高学生素养的选修课。市场营销专科学生的能力结构应包括专业能力和管理能力等，专业能力包括应用专

业知识的能力，获取专业知识的能力，专业判断与预测能力，专业创新能力等；管理能力包括计划能力、组织能力、团队协作能力以及协调控制能力等。市场营销专科学生的素质结构应包括思想品德和职业道德素质、专业素质、人文科学素质及身体素质等。

（三）建立与营销专业培养目标相适应的理论教学体系

1.建立市场营销高职高专教育的理论教学体系，应遵循以下基本原则：

（1）先进性。

首先要着眼于21世纪的科学技术，特别是计算机和网络技术的发展，其次要着眼于市场经济环境的发展变化，特别是知识经济的发展及中国加入WTO，融入世界经济一体化等，根据未来营销职业要求和营销学科的发展趋势设计课程体系，并及时将新的最前沿的营销理论和方法充实到教学体系之中，以保持学科体系的先进性。

（2）目标适应性。

营销专科教育理论教学体系必须与其培养目标保持一致，反映其培养目标要求的专业知识结构、能力和素质的基本要求。

（3）系统性。

营销专科教育理论教学体系应是一个包括基础理论课、专业基础理论课、专业主干课、专业非主干课、专业选修课等的完整系统。

（4）科学性。

首先要求课程体系中的各门课程要反映科学的原理、原则与方法；其次要求对学科体系中的课程进行科学的分类，形成一定的层次；再次要求对各层次课程进行科学的配置，使之保持合理的结构。

（5）动态性。

要求教学内容、教学体系确定后，不能一成不变，而必须根据学科发展变化和实际需要不断加以修改和补充。

2.根据上述基本原则，将营销专科理论教学体系设计如下：

（1）全校性公共课：

1）政治理论与思想品德系列课程，包括马克思主义哲学原理、毛泽东思想与邓小平理论、大学生思想品德修养、财经职业道德等。

2）高等数学，包括微积分、线性代数、概率论等。

3）英语。

4）计算机基础。

5）经济学原理，包括政治经济学和西方经济学。

6）法学基础。

7）文学概论。

8）财经写作。

9）体育等。

通过上述课程的学习，有助于提高学生的政治理论水平，思想道德素质、基本文化素质、身体心理素质，使其具备以下能力：第一，具备正确的政治思想观念，树立正确的世界观、人生观、价值观，富有责任感，集体观念和敬业精神；第二，具有良好的职业意识和道德观念，诚实可信，廉洁奉公，勤劳工作；第三，具有一定的英语听、说、读、写、译能力；第四，具有熟练操作计算机的能力；第五，具备较好的中文口头及文字表达能力；第六，具有经济思维和按经济规律办事的能力；第七，知法、守法并能自觉运用相关法律法规保护自身及单位的合法权益；第八，具有强健的体魄。

（2）管理类公共课程主要包括：

管理学原理、金融学、证券投资与分析、财政与税收、统计学、财务管理、经济法等。上述课程的设置，旨在拓宽学生的专业基础，使学生掌握管理学的基本原理与原则，了解金融体系的运作，财税制度设计原理及其实务，掌握统计工具的运用，熟悉经济领域的相关法规，从而有助于提高学生适应工作环境的能力，拓宽就业范围。

（3）专业主干课程主要包括：

市场营销学、营销策划学、市场调查与预测、广告学、国际营销学、推销理论与实务、电子商务、商务谈判、现代物流管理、营销案例与实务等；专业非主干课程主要包括服务营销学、网络营销、营销前沿专题、企业管理学、国际贸易、消费者行为学、供应链管理等。上述专业课程的设置，旨在培养学生的专业技能和专业素养，使其具备以下专业能力：

1）熟练掌握市场营销的基本理论、基本知识和基本方法；正确认识营销课程的性质、任务及其研究对象，全面了解营销专业课程的体系和结构，对市场营销学有一个整体的认识。

2）掌握企业整体及各分系统的营销策划理论和技巧。

3）掌握市场调查与预测的基本方法及基本工具的应用，掌握调查问卷的设计技巧和访问技巧。

4）掌握广告创意的基本原理和思维方法。

5）掌握产品推销方法和技巧。

6）掌握企业分销渠道和物流管理的方法。

7）熟练运用国内、国际贸易的谈判方法和技巧。

8）熟悉了解服务营销的特殊性。

9）熟悉把握案例分析的思维方式和企业营销诊断方法，紧密联系实际，学会分析案例，解决实际问题，把学科理论的学习融入对经济活动实践的研究和认识之中，切实提高分析问题、解决问题的能力。

10）了解消费者的心理特点、行为规律，以便为消费者提供满意的产品和服务。

11）了解营销学科最前沿的理论、方法与实践的最新发展。

12）牢固树立以顾客需要为中心的市场营销观念，并以此观念为指导去研究和解决市场营销的理论和实际问题。

（4）专业选修课程主要包括：

非营利组织营销、客户关系管理、品牌管理、管理信息系统、公共关系学、计算机美术设计、配送中心运作与管理、基础会计、人力资源管理、保险学、期货贸易、商务英语等。以上课程的设置旨在拓宽学生的专业知识范围，帮助学生根据自身能力、特点及未来职业趋向构造富有个性特色的知识结构。

（5）非专业选修课。

至于非专业选修课可根据需要灵活设置，如文学欣赏、艺术欣赏、书法、美学概论、自然科学常识、军事概论等，旨在帮助学生提高其综合素质。

（四）建立与营销专业培养目标相适应的实践教学体系

高等专科教育的实践教学的设计思路是以就业为导向、以岗位及岗位群要求的实际能力为依据、以培养应用型人才为目标，建立三位一体的实践教学体系。营销专业的实践教学体系一般包括入学教育、军训、教学基地实习、课堂案例分析讨论、课外案例策划、实验模拟课、社会调查、毕业设计（论文）等。

其中，教学基地实习就是让学生到企业、商场等教学联络点实地观摩或营销实战训练，培养学生运用营销原理分析市场问题、解决企业实际营销问题的能力；课堂案例分析讨论包括营销诊断、营销咨询等，培养学生在分析成功与失败的营销案例的基础上，运用所学的营销理论进行专业诊断和咨询，从而提出有针对性的整改意见，即让学生对其所学的理论知识有一个初步的感性认识；课外案例策划包括市场调查策划、企业整体营销策划、企业专题策划、企业形象策划、顾客满意策划、广告创意策划等，目的是培养学生综合运用营销知识的动手能力及书面文字表达能力；实验模拟课主要针对商务谈判、商品推销、分销渠道设计与管理等营销活动进行模仿实验，使学生更深刻地领会教材的内容，将知识转化为能力，以便学生走向社会积累实践经验；营销专科毕业设计（论文）作为一种学习、实践、探索和创新相结合的综合教学过程，是重要的实践教学内容之一，其目的是培养学生综合运用所学知识和技能，提高分析与解决营销实际问题的能力，在实践中培养学生勇于探索的创新精神、严肃认真的科学态度和严谨求实的工作作风。毕业设计（论文）内容一般包括工作计划和组织、检索与阅读中外文献资料、调查研究、方案比较选择、设计与计算、综合分析、计算机绘图、实验研究、方案模拟抽象、数据处理、总结提高、撰写报告等，选题应符合培养目标的要求，能达到综合训练的目的。

总之，营销专科教育实践教学内容和体系的设计，应符合专业培养目标的要求，并与理论教学体系相协调，保持一致性和系统性，而且还有利于调动学生的学习积极性，丰富

课堂的教学内容，提高学生的专业或职业素质。

（五）进一步改革和推进与产学研结合相适应的人才培养模式

在推进人才培养模式改革过程中，应注意“五个结合”，即：

1. 理论与实践相结合，重视理论、突出实践

强调理论教学与实践教学并重，重视在实践教学中培养学生的实践能力和创新能力。

2. 教学与调研相结合，注重继承、突出创新

通过案例分析、实验模拟、实战练习等方法培养学生的创新素质，把知识的学习与知识的应用有机结合。

3. 课内与课外相结合，强调课外专业意识的养成训练

通过丰富多彩的课外活动，营造良好的学习环境，把课内的营销专业教学潜移默化到第二课堂中。

4. 共性培养与个性发展相结合，重视个性发展

5. 动态与静态相结合，创造动态训练环境

为此，我们提出目前市场营销高等专科教育的人才培养模式应以校企合作、产学研结合的教育模式为主，尝试推广“订单式”教育模式。校企合作模式包括学校与大型企业集团合作、学校与中小企业合作、企业作为学校的校外实习基地、校企合作在学校内建立实训基地。通过校企合作，不仅可以加强理论教学与实践之间的关系，而且可以锻炼学生的非智力因素（情感、意志、兴趣、性格、需要、动机、抱负、信念、世界观等），从而优化学生的知识结构，促进就业，同时也可为企业培养合格的营销专业人才。

“订单式”教育模式就是参与合作的企事业单位与学校签订人才培养培训合同，优先录用合作院校的毕业生，并要积极参与学校的教育与培训活动，在根据市场需求确定培养目标、人才规格、知识技能结构、课程设置、教学内容和学习成果评估等各方面发挥主导作用，倡导“校企结合、以需定培、以培供需、实行招生—培养—就业—跟踪服务管理”一条龙服务。

要推广此模式，必须进行全方位革新：在办学理念上，坚持以市场，特别是人才市场需求为导向；在办学定位上，坚持为学生就业和创业服务，定位在就业上；在办学模式上，坚持走产学研一条龙办学之路；在办学质量上，确定高技能的质量观；在办学主体上，坚持学校与用人单位互动互补；在教学内容与教学体系上，切实做到以技能教学为中心；在师资配备上，做到学校与用人单位都可以选派教师走进课堂教学；在教材编写和采用上，真正做到活页教材，自编自用，实用有效，突出技能。这样，使理论教学与实践有机结合，充分利用各自的优势，互动互补，形成利益共同体。目前，营销专科教育层次可以慢慢尝试，待成熟后再加以推广。

三、专业教学改革方案

（一）市场营销专业培养目标和毕业生业务规格

1. 市场营销专业培养目标

高等专科学校市场营销专业的培养目标是培养德、智、体、能全面发展，适应社会主义市场经济建设和发展需要的，具有较全面的市场营销知识和专业能力，具备较高的综合素质和创新精神，能在企业、事业单位、政府部门及社会中介机构从事市场研究、市场营销活动与管理工作的高等应用型专门人才。

2. 市场营销专业毕业生业务规格

鉴于市场营销学科本身的特点，本专业强调宽基础、强能力、可持续发展的毕业生业务规格。强能力主要是指突出市场营销专业业务能力，兼顾相关能力的培养，达到较强的市场营销业务能力和基本的相关业务能力的要求，具体如下：

（1）具有必备的基础理论知识，包括管理、经济、法律、会计、哲学等，拥有较宽的专业基础，形成科学的世界观和方法论，能够独立思考问题，具备可持续发展的能力。

（2）熟练掌握市场营销活动及相关业务活动的一些基本技能，鼓励、支持学生报考经营师，争取在毕业前有一定比例学生取得营销员资格。

（3）掌握计算机办公自动化技术和一定的文档处理能力，能熟练运用常用软件，取得全国计算机等级考试二级或三级证书。

（4）汉语语言、文字表达能力达到国家普通高等教育的基本水准，具有较强的沟通和交际能力。英语通过专科英语水平测试，力争达到国家四级或以上水平，并具备一定的市场营销专业外语水平，能胜任一般的财经资料的中英文互译工作。

（5）掌握企业经营管理、营销管理等方面的业务知识，具有一定的企业营销管理能力，具有较强的分析和综合能力。

（二）培养计划和可行性论证

1. 培养计划本专业学制三年

课堂教学分为基础和专业课程教学和实验（实践）教学两大部分。根据培养目标和学制年限，为实现培养人才的素质、知识结构和能力的整体优化，本专业开设必修课 29 门，限选课 16 门，任选课 5 门。专业实践教学由案例教学、模拟实验、社会调查、专业实习、毕业论文、上机等形式和内容组成。

2. 可行性论证

（1）本培养计划是在认真研究本专业培养目标和毕业生的业务规格的基础上制订的，能确保本专业人才培养目标的实现，因而具有较强的适应性和针对性。

（2）本培养计划充分体现了素质教育的要求和精神，突出了本专业的特点和我校的办学特色，符合教育教学改革的基本方向，符合国家有关课时分配、课堂设置的基本要求。

例如，整个计划宽基础、强能力的思想体现充分，重视对学生综合能力、素质的培养；课内教学总学时数，实践性教学时数及比例都控制在规定的范围之内。因此，本计划具有良好的时代性、特色性和政策性。

（3）本培养计划是在学校多年教学实践中经过反复检验和修订之后产生的，绝大部分内容都有良好的执行记录，其中一部分是根据改革和经济社会发展的新形势、新要求，并经过认真调查研究和论证后形成的，因此具有科学性和较强的可操作性。

（三）教材选用与建设规划

（1）教材选用为体现宽基础、重能力的专科教育培养思路，市场营销专业的专业基础课程、选修课程的教学选用中国人民大学市场营销专业方向的系列教材，专业主干课程将从武汉大学、复旦大学、东北财经大学、首都经贸大学等高校选用部分比较适用的教材，部分重点课程教学选用本校自编教材。

（2）教材建设规划从全国重点高校中选用一些教材当然有其好处，但这些优质本科教材并不一定适合专科教学活动，而且，现有的专业教材理论性较强，本科教材的编排体系、本科教学的课程设置也不适应现行培养目标和业务规格的需要。为此，必须加大市场营销专业教材建设的力度，对现有教材，特别是专业主干课程教材进行改革，使其既有基本的理论知识，又有更强的实践操作性。

（四）师资队伍建设目标与措施

1.建设目标师资队伍建设是专业教育质量的关键

教师在教学活动中处于主导地位。教学内容能否跟上时代的步伐，教学质量能否提高，关键在于教师的素质和责任感。千方百计建设一支高素质的教师队伍，永远是专业教学工作改革的重点之一，也是提高人才培养质量的根本保证。要建立一支人员精干、素质优良、结构合理、专兼结合、特色鲜明、相对稳定的专业教师队伍，着力造就既有较高学术理论水平、教学水平，又有较强实际工作能力的“双师型”教师。

2.教师队伍建设规划

（1）加强与系部、学校沟通，争取近两年引进一些年轻有为、高学历层次的、教学活动中急需的教师。

（2）搞好现有教师学历、学位进修教育，不断提高教师专业理论素质。

（3）在不影响正常教学、科研工作的前提下，鼓励教师报考经营师，鼓励教师将学校教学科研活动与实际工作相结合。

（4）大力推进教研室活动。教研室教研活动包括教学研究和科研活动以及实践技能培养，大力开展教研室活动能促进教师之间的相互交流和共同提高，并进一步增强本专业的学术气氛。

（5）在本专业内促成传、帮、带的良好氛围，促进青年教师的快速成长，适时派遣专业教师到实际工作部门中做短期工作或到有关企业、研究机构兼职，组织部分学科带头人、学术骨干到国外进修、考察。

（五）实验室建设目标与措施

（1）建设目标实验室建设要达到仿真的效果，让学生既能掌握企业经营管理，特别是市场营销活动中各环节的实际操作技能，又能综合平时所学的各方面知识，为以后在校外实践基地参与实际工作奠定良好的基础。

（2）实验室建设措施邀请有关企事业单位、高校和科研机构的专家共同参与实验室的设计建设和实验指导；加大实验室建设的资金投入，改善计算机模拟环境，引进最新的市场营销模拟实验室软件 Smart Sell。实验室结合虚拟现实技术和互联网通信技术构造一个有效的无风险的营销环境，让学生扮演企业营销主管或营销职员的角色，从各个角度分析营销案例，进行营销决策，并且得到决策的结果。这种模拟营销实践的方式，既可以有效提高学生的学习兴趣，提升教学效果，保证教学培训质量，又避免了在实践过程中产生的决策风险。实验室可以结合传统的教学方式，如授课、讨论和案例学习，帮助、教授学生各种市场营销原理和方法，学生在学习中会遇到企业经营中经常出现的各种典型问题，诸如品牌组合、市场细分和产品定位、营销策略的制定以及营销过程的管理等。

（六）实践教学基地建设目标与措施

（1）建设目标本着优势互补、互惠互利的原则，联系数个不同行业、可以长期稳定合作的实习单位作为本专业校外教学实践基地，保证学生能够得到真正的实际工作锻炼机会，为学生毕业后走向社会奠定良好的基础，尽量缩短本专业毕业生走上工作岗位的适应期。

（2）教学基地建设措施借鉴其他高校成功的办学经验，争取系部、教务处特别是学校领导的支持，与已有良好关系的企业联合办学，对口培养企业急需的专门人才。

第四章　基于现代学徒制市场营销专业实践教学的目标体系

第一节　现代学徒制市场营销专业实践教学的内涵及其重要性

一、我国“校企合作”人才培养模式概述

我国职业教育的发展经过了从原始的学徒制到学校职业教育，从单一的学校职业教育到“校企合作”，再从“校企合作”到现代学徒制的历史轨迹。从一定程度上讲，现代学徒制是“校企合作”的深化与重组，是为解决“校企合作”的发展难题而产生的。所以，要研究现代学徒制，就必须先对“校企合作”人才培养模式加以剖析。

（一）“校企合作”的历史沿革

我国学校与企业产生联系可以追溯到洋务运动时期，近代工业化的发展催生了“校企合作”的萌芽，但由于时局动荡，工业基础薄弱，实业教育尚处于探索阶段，学校与企业联系的水平很低。我国真正意义上的“校企合作”始于新中国成立后。

我国的“校企合作”根据社会经济发展水平、政府政策的导向以及学校与企业具体合作形式与程度等差异，大致可以划分为三个阶段，即建国初期到20世纪70年代末，20世纪70年代末到20世纪90年代末和21世纪初至今。

1. 计划经济体制下的“校企合作”（新中国成立初期到20世纪70年代末）

新中国成立后，我国社会经济凋敝，百废待兴，百业待兴。在“教育与生产劳动相结合”方针的指导下，20世纪50年代末出现了教育、生产、科研“三结合”的“校企合作”形式。这一时期，我国对高校进行了大规模院校调整，效仿苏联模式建立了高度计划的管理体制。为了适应工业发展需要，政府鼓励高校参与科学院或产业部门的科研任务，同时鼓励科学院和产业部门在高校设立科研规模较小的机构，并规定高校可直接参与校外

相关单位所委托的科研项目，这为“校企合作”的开展奠定了一定的基础。50 年代后期的校企联系多为低层次的单向联系，但高等学校与产业部门已经建立了 31 个合作研究机构。1961 年《高教六十条》《科研十四条》出台后，我国高等教育开始探索自己的发展道路，“校企合作”逐渐取得较大发展。但这一时期的“校企合作”多是政府采取行政命令予以直接干预，表现形式是企业为学生提供实习场所。

1977 年，邓小平恢复工作并主持科学和教育，高考得以恢复，高等教育工作得到整改。我国高等教育步入良性发展轨道，校企合作也逐渐恢复开展。

2. 社会主义市场经济体制建设时期的“校企合作”（20 世纪 70 年代末到 20 世纪 90 年代末）

改革开放过后，我国社会主义市场经济体制逐步探索并最终确立。1978 年的全国科学技术大会明确了高等学校教学与科研的“两个中心”地位。

1980 年《教育部部属高等学校校办工厂暂时管理办法》颁布后，“校办工厂”在教学、科研与人才培养中的作用逐渐凸显，这是“校企合作”的独特形式。

1985 年《中共中央关于教育体制改革的决定》出台后，教育体制进行了全面深化的系统改革，校企联合办学使我国“校企合作”展开了新的格局。

1991 年中国产学合作教育协会在上海成立，掀起了全国高校“校企合作”的风潮。1995 年产学合作教育现场交流会在北京召开，明确了“产学研”合作教育的宏观管理与微观规制。

1997 年《关于开展产学研合作教育“九五”试点工作的通知》颁布后，在国家教委领导下，我国“产学研”合作教育获得较大发展，我国“校企合作”工作的开展不断深化。这一时期，随着市场竞争的加剧，企业日益注重科技创新与人才培养，在竞争中逐渐提高了智力投资，这使得“校企合作”关系变得密切。

“校企合作”的方式也随着国家经济体制和教育体制的改革深入以及国家产业政策的改革调整而不断发生变化。但是，企业在“校企合作”中，更多的是考虑经济利益，企业的不断市场化使得政府对企业的计划调控力度逐渐弱化，“校企合作”方式逐渐由计划经济时代的“唯命是从”转向以市场需求为导向，合作机制逐渐转为市场机制。因此，以往依靠政府采取强制性的行政命令干预的“校企合作”方式难以继续有效进行。

3. 社会主义市场经济体制完善时期的“校企合作”（21 世纪初期以来）

从 21 世纪开始，我国进入了全面建设小康社会，加快推进社会主义现代化新的发展阶段。这一时期，职业教育的发展经过了由规模扩张到内涵建设与质量提升，职业院校积极探索学校与企业的合作关系，“校企合作”培养模式的发展可以细化为三个阶段。

（1）2000—2005 年以“就业为导向、产学结合”的校企合作初探时期。

2002 年国务院颁布《关于大力推进职业教育改革与发展的决定》，提出，“要充分依靠企业举办职业教育”，强调“企业要和职业学校加强合作，实行多种形式联合办学”。

2004 年《教育部关于以就业为导向深化高等职业教育改革的若干意见》提出，高等职业教育要以服务为宗旨，以就业为导向，走产学结合发展的道路。“产学结合”，即在职业教育发展进程中职业院校与产业部门在培养高技能人才方面根据各自的优势，遵循平等互利的原则参与办学。“校企合作”作为高等职业教育的培养方向之一，以培养适应生产、建设、管理、服务第一线的高等技术应用型专门人才为目标。

（2）2006—2009 年以“校企合作、工学结合”的可持续发展时期。

2006 年国家“十一五”发展规划中提出“大力发展以就业为导向，推行校企合作、工学结合的人才培养模式”。同年出台的《教育部关于全面提高高等职业教育教学质量的若干意见》提出了“工学结合的人才培养模式”，要求“大力推行工学结合，突出实践能力培养，改革人才培养模式”。2008 年教育部在相关文件中继续强调在职业院校发展建设中深入开展“校企合作”，促进了“校企合作”的可持续发展。

（3）2010 年以来以多元化办学模式、深化合作办学的校企合作内涵发展时期。

2010 年颁布的《国家中长期教育改革和发展规划纲要（2010—2020 年）》鼓励行业组织和企业举办职业学校。2011 年 6 月教育部下发了《关于充分发挥行业指导作用推进职业教育改革发展的意见》，加大了对行业企业举办职业教育的重视。同年 9 月，《教育部关于推进高等职业教育改革创新引领职业教育科学发展的若干意见》要求“创新办学体制，完善运行机制，探索多元办学模式”。2012 年教育部明确提出加强校企合作，探索校企合作的长效机制，探索“校中厂”“厂中校”等合作模式。

2014 年 6 月的全国职业教育工作会议，要求加快发展现代职业教育，提出“要创新各层次各类型职业教育模式，坚持产教融合、校企合作，坚持工学结合、知行合一”。这一时期，通过“集团化办学”“混合所有制办学”创新办学机制，通过“多方合作”“协同育人”拓宽合作领域。鼓励地方根据当地学校实际，探索“校企合作”的各种创新教育模式，如“订单培养”“顶岗实习”“引企入校”“企业办校”等多样化的合作方式。

（二）“校企合作”的现实困境

我国职业教育“校企合作”发展至今，已取得了显著的成绩，形成了多元化的人才培养形式，为技能型人才的培养作出了突出贡献。但是，“校企合作”目前仍面临着诸多问题亟待解决。不同的理论为“校企合作”的发展难题提供了解释和分析。从经济学的角度来讲，校企双方的利益诉求符合“经济人”假设，双方在追求自身利益最大化时出现了利益冲突，与此同时，“校企合作”的层次受制于交易费用的大小，“校企合作”产权制度的缺失引发外部效应，因此造成了合作过程中职业院校“一头热”等问题；而从运筹学中的博弈论来讲，“校企合作”是职业院校与企业之间的博弈行为，“校企合作”的发展难题源于博弈主体之间存在着信息不对称、权利不对等、义务不平衡以及资源占有不均衡等问题。根据布迪厄的场域理论，在校企合作场域中，学生作为场域主体之一，在经济资本上相较于企业而言处于弱势地位，拥有的资本总量较少，应用资本的能力较差。因此，政府在维护学生权益方面应承担更多的责任。

社会交换理论认为，企业由于资源占有的优势，在“校企合作”中产生了“权利”与“义务”的“不平等交换”，而使得“校企合作”流于形式；从组织社会学理论上讲，“校企合作”的发展困境是由校企双方非对称的资源依赖结构、对合作育人的合法性分析、校企之间的“协商性交换”难题以及规则构建的复杂性等因素决定的。不同的理论解释都是基于“校企合作”的主体来展开的，“校企合作”包括企业、行业、职业院校、学生、政府等多个主体，而从合作主体的角度来看，“校企合作”的问题则存在于多个主体层面（见表 4-1）。

表 4–1　“校企合作”中不同主体存在的问题

主体	存在的主要问题
企业（应然主体）	企业参与度不高，具体表现为：参与意识不够，参与动力不足，合作积极性不高等
行业	①行业自身发展水平有限，指导能力不足；
	②行业指导的权限不明确等
职业院校（实然主题）	职业院校服务企业的能力不足，具体表现为：课堂教学与企业需求脱节；技术服务能力较弱；重理论轻实践；重职业能力轻职业精神等
学生	①职业道德素养不高；
	②合法权益得不到保障等
政府	①政府的主导作用缺失；
	②制度和法律保障不足，管理体制不完善，评价机制不健全等

1. 从企业角度的分析

企业由于教育资源的流动性、片段性、粗放性等特征，在发展上呈现出生产规模的中小型化、生产经营的高风险性、发展动力的市场依赖性以及市场竞争层次较低的特点，在职业教育人才培养发展过程中未能获得应有的主体地位，故而在“校企合作”中利益驱动力不足，合作积极性不高，加之用工观念的偏见，导致社会责任意识不强。

2. 从行业角度的分析

我国行业自身的独立发展水平整体上偏低，对职业教育发展的指导能力有限，尚不具备发达国家行会具有的制定标准、主持考试以及颁发职业资格证书等能力。而且，我国法律尚未明确行业协会和组织在行业岗位标准等制订中的主要作用，尚未建立行业组织对“校企合作”的监督机制。法律和政策的不完善，使得行业对职业教育的指导权限不明确，指导作用得不到充分发挥。

3. 从职业院校角度的分析

职业院校在我国目前的职业教育以及“校企合作”中处于主体地位。“学校主体式”的校企合作发展模式存在着重理论轻实践、重职业能力培养轻职业精神养成、缺乏组织保障和制度规范等弊端，适应行业企业需求的能力不强，虽然在“校企合作”中积极性很高，但是“剃头挑子一头热”，与企业合作大多处于底层、浅表化的发展阶段。

4. 从学生角度的分析

在目前的“校企合作”中，存在着企业的用人标准、岗位要求等与学生的实习实训内容不相匹配的问题，导致岗位学习的质量很低。部分学生的职业道德素养、知识和技能水平达不到企业的要求，直接影响了企业合作的积极性。加之企业实习条件与待遇等方面存在着诸多问题，学生的合法权益得不到保障。

5. 从政府角度的分析

我国政府在“校企合作”过程中扮演着重要角色，发挥着举足轻重的作用。但是，目前仍面临着主导作用发挥不足，宏观指导欠缺，经费投入不足，管理体制不成熟，评价机制不健全，支持“校企合作”的相关政策制度还不完善，“校企合作”中的失范行为缺乏制度和法律的制约与监管等诸多问题。

总的来说，我国“校企合作”主要是企业参与度低、职业院校“一头热”的浅层次、低质量的合作形式，要促进校企深度合作，必须解决发展理念、政策制度、运行机制、经济效益以及现实局限性等问题。随着市场导向的运行机制逐步确立，努力解决企业、学校与学生三方利益的冲突与矛盾，建立学校与企业的长效合作机制和互通机制。

二、现代学徒制人才培养模式的特点

（一）政府支持下校企深层合作

“校企合作”是未来我国高等职业教育“以提高质量为核心”发展大趋势下的总体指导思想。而现代学徒制人才培养模式正是以这样的主旋律为基调构建起来的。它在思想观念上存在着突破性和创新性。现代学徒制强调职业教育和职业培训不该再是职前和职后的两种类别，而应该是相互融合并同时进行的一种创新模式。“校企合作”不仅仅应该只体现为一纸“订单”，而更应该体现企业参与职业教育、学校配合职业培训、双方共赢、惠及学生的教育思想。

现代学徒制模式认为，学校和企业双方应该坐下来探讨一下相关专业人才需求的市场状况，然后由企业向学校提出人才素质和技能的要求，学校结合教育方针政策和自身资源情况与企业共同编制教学培养方案，并提供实训场地、资深技术工人（即师父）、培训设备及实训内容和考核等资源，也就是“实行企业和学校结合，交替式培养模式，约1/2~2/3 的时间在企业接受培训，约 1/3~1/2 的时间在职业学校学习”。

校企双方共同参与完成整个职业教育的过程，从培养计划制订到教学再到评价和考核，全程通力合作才能打造出双方都满意的优秀职业技能人才，这样既完成了职业教育的培养目标，又节省了企业对应届生进行入职培训的时间和人力、物力成本。政府部门也可以通过技能水平鉴定对毕业生颁发相应的资格证书，企业也会出具培训证明，加上学校毕业证书等学历、学位相关证书，不得不说，这将是一个“大团圆”局面了。现代学徒制模式旨在培养综合素质较强的创新性、技能型人才，尤其注重高等职业人才培养的质量。在其他职业教育人才培养模式的基础上，现代学徒制模式以“合作育人、合作办学、合作培训、合作就业、合作发展”为主线，创新的步子更大一些。

（二）以师徒关系为纽带连接支教与培训

现代学徒制的最突出特色当然是“师傅带徒弟”的教育教学形式。虽然这种形式并不新奇，并曾一度因工业大生产和班级教学的发展而渐渐淡出教育领域，但在高度注重技术人才培养质量的今天，这种古老而传统的技能传承模式再次受到了广泛关注，因为它自身的优势和不可替代性是显而易见的。

然而这种非正规的培训模式既没有系统性也没有统一的行业标准，更不用说培训时间和评价的规范性了。因此，对于高等职业教育来说，学徒制模式不能是简单地“拿来”，师徒关系要作为一条纽带联结职业教育和企业培训，成双方深入合作、寻求共赢的重要渠道。在现代学徒制人才培养模式中，“企业指派一名师傅指导和监督学生在企业接受生产技能的培训”。

通过师父的“教”可以把技能和理论知识传授给学生，让他们掌握并运用最新的科学技术。但是这还远远不够，也没有达到教育的根本目的——“育人”。学生们要知道如何把握原则、处理各种社会现实问题，并坚守岗位和职业操行，树立正确的职业观，这些不是书本中一个章节可以解决的问题，而是需要有多年从业经验的“师傅”通过讲述自己和周边的一些真实案例来启发和告诫“学徒”们，通过他们的言传身教为“学徒”们树立一个鲜活的学习榜样，相信这比任何文字都更加有说服力。将素质教育融入职业培训中，培养出具有行业精神和职业道德的“全方位、立体式”技能人才，也是现代学徒制职业教育模式的一大重要特点。

（三）多方合同签订明确各自职责与义务

现代学徒制人才培养模式要求学生、企业和学校三方都要签订合同，共同保障教育培训过程的顺利完成。学生与企业需签订学徒合同，明确规定学徒在培训期间可以享受一定比例的工资待遇，而企业对学生也有教育和培训的义务，并要按时、保质地完成教学计划，达到教学目的。这些也需要企业和学校以合同的形式订立下详细条款，内容不仅包括共同制定实训内容、完成教育和培训任务，还包括培训结束、考试合格后，授予国家承认的职业资格和企业培训认证。

如图 4-1 所示，在政府的引导下，企业和学校明确各自责任与义务，共同对学生进行职业教育和培训，使 2~3 年的学习年限充分地发挥效用，学生学有所得，学有所成。诚然，目前在校企双方合作方面还没有明确的法律法规或者文件具体规定要如何实施，也并非所有实行现代学徒制的高等职业院校都有完善的监督和管理制度，但一些在这一方面走在前面的国家（如芬兰、德国等）已经可以为我们提供很好的借鉴了。除了政府参与监管外，民间协会和相关职业认证组织也会参与其中，共同管理以保障学徒制运行过程的畅通无阻。

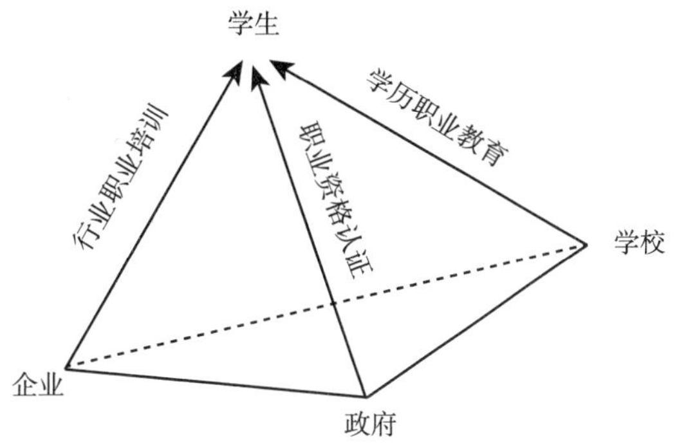

图 4-1　现代学徒制人才培养模式三位一体简图

（四）学生综合能力的强化并获多种证书

职业教育学历资格证书和职业资格认证虽然可以同时证明一个学生受职业教育和培训的水平，但大多时候这两个证书是相对独立的。职业教育学历证书属于教育部门管理，而职业资格证书则属于劳动部门职责范围。现代学徒制培养模式下，学生在完成校企双方共同制定的培养方案之后，修满课程学分即可获得学历资格证书。而要获得职业资格认证还需参加劳动部举行的考试，通过后可以取得相关资质。由于对实训给予了足够的重视，并由具有技能证书和从业经验的优秀技术人员带领学徒参与到实际生产中，将资格考试的内容和最新考点以操作的方式传授给学生们，让他们可以“从做中学”。

目前，大多数高等职业教育人才培养模式都在向“双证书”甚至“多证书”目标努力。但由于主客观条件的限制，特别是校企合作的深入程度不足导致了学生考取职业资格证书还是需要专门的考试培训，并与正常职业教育教学，尤其是和实训相分离，真正做得到“和谐统一、一举多得”的并不多。现代学徒制人才培养模式注重高等职业教育人才培养的质量，强调培养学生的综合素质，证书自然是最直接的衡量标准。但在学历证书与资格证书如何更好地结合的方面，各国发展参差不齐。澳大利亚和英国采取学历证书和资格证书就属共同框架，而在韩国更是规定职业教育证书和职业资格证书可以进行学分转换，实现共享。还有的国家和地区采取累加、互认等制度来尝试进行两种认证之间的沟通。这些制度都有效地尝试进行教育制度与劳动制度相结合，并在此基础上，大力推进现代学徒制人才培养模式的创新发展，成了其重要的推动力。对于我国高等职业教育来说，寻求教育与劳动制度的最佳结合点也是构建中国特色现代学徒制人才培养模式的必经之路。

三、现代学徒制市场营销专业实践教学的重要性

现代学徒制人才培养模式有学校、学生、企业和政府四方参与。其中学校、学生、企业是显性的，很容易观察到，而政府是隐性的，做政策性、制度性、保障性工作。将现代学徒制人才培养模式视为一个系统，从四个参与方的角度分析现代学徒制人才培养模式有哪些优点。

（一）学校视角

1. 提升了人才培养质量

现代学徒制人才培养模式使学生将理论学习与实践经验相结合，从而加深对所学专业的认识，提高他们理论学习的主动性和积极性；现代学徒制人才培养模式采用师生之间及师徒之间面对面的教育方式，可以充分相互了解，教师及师傅对学生的能力和倾向可以进行有针对性的培养和教育，有利于学生职业道德和技术技能提升；现代学徒制人才培养模式使学生与社会零距离接轨，为学生提供了通过参加实际工作来考察自己能力的机会，使学生视野更开阔，加深了对职业和社会的认识，为他们提供了提高自己环境适应能力的机会；使学生经受实际工作的锻炼，大大提高了他们的责任心和自我判断能力，变得更加成熟。

2. 降低了办学成本

在传统的职业教育人才培养模式下，学校要投入大量的资金购置实训设备，而现代学徒制人才培养模式下，绝大部分实训和实践课程可以在企业进行，学校可以减少不必要的实训设备的购置，降低了办学成本。

3. 提升了学校实力

现代学徒制人才培养模式，可以促进职业院校和企业的联系，让学校的教育教学方法更加贴近企业和社会需求，让学校的科研更贴近企业的实际需求，从而提升学校的实力。

（二）学生视角

1. 减轻了学费的压力

在现代学徒制人才培养模式下，拥有学生和企业员工的双重身份，一边接受教育，一边工作，这个过程中可以获得相应的、稳定的报酬，可以减轻家庭的负担，减轻学费的压力。

2. 提高了学习效率和效果

职业教育传统的人才培养模式，学生绝大多数时间是在校内完成教学任务，常常存在所学知识和现实存在较大的差别，而且在学校的单一环境下，学生很难习得职业素养和社会技能。而现代学徒制人才培养模式下，学生一边在学校学习理论知识，一边在企业实践理论知识，而且在企业工作环境中，更容易习得相关职业素养和社会技能，提升了学生的学习效率和效果。

3. 提升了个人的就业质量

学生以学徒的身份在企业工作和学习的过程中，更加了解企业真实情况和社会现实，提高了学生的学习目的性、主动性，提高了学生的职业技能和职业素养，提升了学生的就业竞争力和就业质量。

4. 增强了职业发展竞争力

和传统人才培养模式的学生相比，现代学徒制人才培养模式下的学生提前一到两年进

入企业，比他们多一到两年的工作经验，毕业时就可以独立承担相关工作，甚至可以担任基层主管，此优势是传统人才培养模式下的毕业生不能具备的，现代学徒制人才培养模式有效地增强了毕业生的职业发展竞争力。

（三）企业视角

1.企业可以获得自己想要的人才

现代学徒制人才培养模式可以解决部分企业找不到合适的员工，毕业生找不到合适工作的难题。相较于外部应聘者，优秀企业更青睐于雇佣自己培养的学徒，因为这些学徒不仅技能熟练，而且已经较好地融入了企业中，对企业的文化更加认同，这一点非常重要。同时，经过现代学徒制长期的观察，企业可以避免出现像外部招聘可能会产生的人才甄选误差。

2.企业可以降低用工成本

在现代学徒制人才培养模式下，企业吸纳学生作为企业的学徒，虽然要按相关规定支付相应的薪酬，但是其整体的用工成本要低于正常的用工成本，并且可以为企业发现和培养企业发展需要的潜在人才。

3.企业可以获得相关的税费减免

现代学徒制人才培养模式下，企业参与人才培养，是可以获得相关税收减免的。目前我国相关政策各地各不相同，政府应该抓紧时间制定和落实相关政策。

4.提升企业的美誉度

企业积极参与人才培养是社会公益活动，给自己带来好处的同时，也会给社会和大众带来好处，社会大众也会感激这样的企业，企业无形中就提升了美誉度。目前我国大多数企业都热衷于到处挖人才，而不愿意自己培养人才，长期来看对企业的发展是不利的。

（四）政府与社会视角

1.增加了技术技能人才的供给

现代学徒制人才培养模式能有效地提升职业技术、技能人才培养的质量，有效地增加技术技能人才的供给，能很好地弥补现阶段企业转型升级对高素质职业技术技能人才的需求。

2.加快了技术技能人才培养速度

按一般情况来计算，我国技术技能人才培养周期为 5 年（从学生接受高职教育作为起点，高职教育 3 年，融入企业 2 年），而现代学徒制人才培养模式下的技术技能人才培养周期为 3 或 4 年，有效地提升了人才的培养速度和培养效率，间接地增加了我国人力资源供给。

3.提升了接受教育人口的比例

为许多由于经济原因不能进入高职院校学习的学生提供了经济来源和接受高等教育的

机会。

4. 解决了人才供求错位的问题

现代学徒制人才培养模式可以提高职业院校各专业人才培养数量的精度，避免人才的供大于求，或者供不应求，解决人才供求错位的问题。现代学徒制中，企业通常是根据自己的生产需要提供学徒岗位的，从真实的人才需求出发，将青年“拉进”职业教育体系，这样就有利于使劳动力供需更平衡。

5. 降低了职业教育办学社会总成本

现代学徒制人才培养模式是借用社会资源办学的重要模式，可以实现学校教育资源和社会教育资源的共享，降低职业院校的实训场所、实训设备的投入，提高企业相关资源的利用效率，降低了职业教育整体办学成本，降低了人力资源培养成本，实现学校、企业、学生与社会的四方共赢。

6. 提升了政府的教育投资产出比

现代学徒制人才培养模式下可以提高教育质量，提升就业率，提升产业竞争力，增加了政府的财政收入，同时还能提升政府教育资金的产出率，降低政府的教育投入成本。

四、市场营销专业学徒制培养模式可行性的案例分析

通过对现代学徒制与传统学徒制以及英德现代学徒制的比较，结合“茶艺与茶叶营销专业”的特点和已有的条件对该专业进行现代学徒制教学模式实施的可行性进行了分析，并探索性提出了“学校主导，企业参与，政府推动”的符合现有国情的学徒制实施模式。

（一）现代学徒制人才模式培养比较与选择

1. 传统学徒制与现代学徒制比较

传统学徒制是一种在“做中学”，师傅带徒弟、口传心授的知识技术传承的古老形式。现代学徒制由传统学徒制发展而来，在教学组织形式、培养目标等方面都具有相似性，但是在适应现代生产方式发展中，现代学徒制已经有了很大的差异。

（1）学徒与师傅身份、关系不同。

学习者由单一的“学徒”转换成了“学生”“学徒”双重身份，企业师傅也从“亦师亦父”关注学徒整个生活的身份转变成按照合同约定，承担合同约定的传授技术和思想道德教育，不承担合同以外的义务。

（2）学徒与师傅地位发生变化。

传统学徒制的“学徒”除了学习技术、技能外，还必须在师傅的家庭中承担一定的家务劳动，处在师傅的严格监督下。现代学徒制中“学徒”与“师傅”是师徒平等，师生平等的关系。

（3）学习的地点与时间有了改变。

传统学徒制在整个学习过程都是在师傅家进行的，师傅全程教育、随时指导，没有固

定上课、培训的时间，现代学徒制制订了完整的人才培养方案，规定了在校、在企业学习的时间地点，严格按照培养方案和双方合同约定。

（4）适应的行业与学习内容不同。

传统学徒制主要适应于传统手工业，但随着产业革命机器大生产，很多新兴行业替代一些传统行业，因此现代学徒制的适应行业和学习内容向更广泛的职业发展。现代学徒制的培养目标、学习内容也从单一的实践技能转变为实践与理论相结合，培养具有一定理论素养的高技能人才。

（5）考核标准和方式发生改变。

传统学徒制评价学徒是否学成主要以师傅实践考核为主，师傅具有最大权威性，现代学徒制考查学生的标准由企业师傅、高校教师综合评价，同时还把是否获得相关职业资格证书作为依据之一。

2.英德现代学徒制模式比较

西方国家现代学徒制主要分为以德国为代表的高企业合作与低学校整合的需求引导型现代学徒制和以英国为代表的低企业合作与高学校整合的供给引导型现代学徒制。在我国目前的状态下，任何一种教学模式的改革，都应该以学校为主导，这就与英国式现代学徒制不谋而合。

（1）学校为主导的现代学徒制的优势。

我国的国情决定了在现代学徒制的实施中，政府和企业有着现实的局限性，而作为培养职业技术人才的主体——高等职业院校在实施现代学徒制中有着独特的优越性。职业教育已从规模发展向提升质量，打造品牌，突出特色等内涵建设转变，探索高职教育现代学徒制成为实现以上目标的途径，高等职业院校因此对实施学徒制动力十足；高职教育在十几年的发展历程中，经历了校企合作、工学结合等培养模式，为学徒制积累了经验，同时也培养了一支优秀的“双师型”教师队伍，也与企业建立了良好的校企合作关系，这些都为学徒制的实施做好了物质和人才准备。

（2）“茶艺与茶叶营销专业”现代学徒制人才培养模式选择。

“茶艺与茶叶营销”专业是2016年高职专业目录中的新专业，属于财经商贸大类，取缔了原有农林牧渔大类的茶文化、茶艺等专业。据不完全统计，在2018年全国有35所高等职业院校开设了该专业。在国家“一带一路”的经济环境下，文化产业发展迅速。茶产业已在传统产业中逐渐拓展，新型茶文化产业逐渐增加，人才需求也逐渐多元化。据《2015年中国茶叶企业调查报告》，在我国茶叶行业百强企业中，经营范围不断拓展，产品销售仍以茶叶为主，但服务范围已经向茶具、茶园观光旅游、茶馆经营、深加工产品等衍生领域进行拓展，茶具、茶馆茶楼、茶园年观光旅游等文化产业发展速度飞快，茶学类专业人才的需求大幅增加，尤其是茶文化产业等多元化技能型人才。在这种利好的大环境下，对于新兴的专业实施现代学徒制也应该结合我国国情走“学校主导，企业参与，政府推动”的模式，进行“人才共育、过程共管、成果共享”，通过试点的成果来激发行业企业积极参与，真正实现双赢、多赢。

（二）茶艺与茶叶营销专业现代学徒制人才培养模式改革必要性

茶艺与茶叶营销专业不同于其他专业，技能的掌握可以在计算机和网络空间里完成，茶艺和营销技艺和技能鉴于校内场地的局限性或特殊性，校内无法复制真实的工作环境，但有些要素又只能在现场才能体验和讲解的，在练习过程中又需花大量时间练习、琢磨才能学到其要点。如果进行现代学徒制式的育人模式，可以让学习者了解到技术、技艺的细节，通过大量练习，练就一身好手艺，有效减少珍贵耗材的浪费，同时也符合目前对“工匠精神”的极致追求。

（三）茶艺与茶叶营销专业现代学徒制人才培养模式改革可行性

1. 政策层面利好消息推动

现代学徒制改革《国务院关于加快发展现代职业教育的决定》（国发〔2014〕19 号）中明确指出：“开展校企联合招生、联合培养的现代学徒制试点。”2014 年 9 月，教育部提出了《关于开展现代学徒制试点工作的意见》，为推动高职教育改革、加强校企合作、深化产教融合指明了方向。《教育部关于深化职业教育教学改革全面提高人才培养质量的若干意见》（教职成〔2015〕6 号）中进一步强调“积极推动校企联合招生、联合培养、一体化育人的现代学徒制试点”。政策层面的利好消息推动了地方政府、行业、企业、职业院校积极参与现代学徒制教育教学改革。

2. 有丰富的校企合作经验支撑

从 2011 年开始，学院依托专业建设指导委员会，湖南省茶叶公司、湖南茶业有限公司及其控股的湖南省白沙溪茶厂有限责任公司、湖南益阳茶厂有限公司、湖南省君山银针茶业有限公司等 10 余家单位共同组建调研工作组，深入企业内部共同展开调研。在对茶叶企业的岗位设置、岗位职责，茶产品的营销策略等方面进行调查与分析的基础上与湖南省茶业集团股份有限公司集团深度合作，学院面向湖南省茶业集团股份有限公司集团下属企业、茶园基地、初加工企业、各营销网点和湖南省茶叶协会下属成员企业的员工开展单招订单式学历教育，先后设立了“湘茶班”“唐羽精英班”等订单班。

（四）湖南商务职业技术学院“茶艺与茶叶营销专业”现代学徒制改革优势与特色

1. 创新人才培养模式

湘茶学院成立于 2013 年 4 月 20 日，是以茶叶营销为突破口，由湖南省茶业集团与湖南商务职业技术学院以股份合作的形式组建，湘茶学院成立后开设了全省唯一的“茶艺与茶叶营销专业”，致力于为实现“湖南千亿茶茶业”的目标输送源源不断的专业人才。茶艺与茶叶营销专业与湖南省茶业集团、湖南省君山银针公司、湖南省唐羽茗茶等国内外知

名企业深度合作，为学生提供了大量的实习和就业机会。在人才培养过程中，坚持走校企共建、校企融合的模式，从人才培养方案的制定到专业课程的讲授都由企业参与，从学生的认知实习到毕业实习都在企业完成。而且在人才培养目标定位中，本专业与相关茶叶企业共同确定了学生从基层岗位——茶艺师做起，在人才培养方案的实施过程中贯彻“校企合作、实岗操作、轮岗锻炼、职位晋升”。在湖南省唐羽茗茶有限公司就业的学生在半年到一年的时间内就能够晋升为门店店长，由此可见，本专业的人才培养模式是非常适合企业人才需求的。

2. 课程内容优化，双导师教学，重在技能

在课程内容上，专业邀请企业专家进行研讨、结合行业发展趋势优化课程内容，注重提升学生的职业素养和岗位实操技能。教学分为学校和企业两个场地进行，本专业建设了200多平方米的专业茶文化教室，是茶艺与茶叶营销专业学生授课、实操以及文化熏陶的主要场地。同时，专业依托湖南省茶叶集团、湖南省唐羽茗茶有限公司等企业的博物馆、门店等开展现场教学。专业开办以来，学生先后在全国茶艺技能大赛中获得二等奖1个，省级茶艺技能大赛二等奖1个，三等奖1个，在全国首届评茶员大赛湖南省选拔赛中，本专业的选手获得了黄茶单项一等奖的好成绩，并有两名学生将代表湖南参加全国决赛。

3. 课证融通，提升就业能力

本专业在课程开设中还严格按照《茶艺师国家职业标准》《评茶员国家职业标准》的要求，不但在实训环节安排了专门的职业资格证考试证实训，在专业核心课的安排中还增加了如《茶艺基础》《茶叶审评技术》等专业核心课程的课时，让学生牢固掌握与茶艺服务、茶叶营销相关的核心岗位能力。通过考证，学生也能够将学习跟自己的职业规划结合，以证促学，为走入职场做好准备。

4. 成立专业社团，积极参与社会活动，弘扬中华茶文化

以湘茶学院为依托，本专业成立了“茶叶流通协会”“茶艺协会”等专业社团，并积极组织、参与校内外茶文化活动，在我省茶叶流通领域已形成了一定影响。2013年，湘茶学院协办了“2013中华茶祖节”，承担了大量的活动工作；2013—2017年，专业学生应邀参加了“湖南省茶叶博览会”；2013年12月本专业学生参加了君山银针有限公司的“中国黄茶君山品牌财富年度峰会”，为各界来宾推荐君山黄茶产品，学生的表现受到了企业的好评；2015—2018年，本专业连续与合作企业唐羽茗茶开展了大型地“茶文化进校园”活动。本专业学生在这些活动中提升了专业技能，展现了专业素养，同时展示了中国茶之魅力，弘扬了中国茶之文化。高等职业院校实施现代学徒制对于传统教学模式而言是一场深刻革命，对于开设时间不长、小众的“茶艺与茶叶营销专业”的改革之路还有很多地方需要探索，需要跟企业沟通，学徒制中的细节、学生的培养策略、整体的教学方式等都还需要不断改进。但经过深入的研究与实践，茶艺与茶叶营销专业的学徒制可以取得更好的成绩。

第二节　现代学徒制市场营销专业实践教学目标体系的构建思路

高等职业院校市场营销专业特别强调学生的动手能力，实践、实习环节在整个教学过程中尤为重要。通过实践和实习，一方面可以加深学生对市场营销理论知识的理解，能够在营销实践中提升职业素养和职业技能；另一方面能够让学生掌握营销实际中的操作技巧，毕业后可直接上岗工作，实现学校与社会的零距离接轨。

一、构建高等职业院校市场营销专业现代学徒制人才培养模式的基本框架

高等职业院校市场营销专业现代学徒制人才培养模式应该遵循高职教育人才培养模式的一般结构，并贯彻现代学徒制模式的主要思想和教育教学特色，还需要来自政府、企业、学校和社会四个平台的支持和合作。基于现代学徒制的理论基础，借鉴国外现代学徒制模式和我国高职教育其他人才培养模式的结构，我们尝试构建了高等职业院校市场营销专业现代学徒制人才培养模式框架图（图 4-2）。

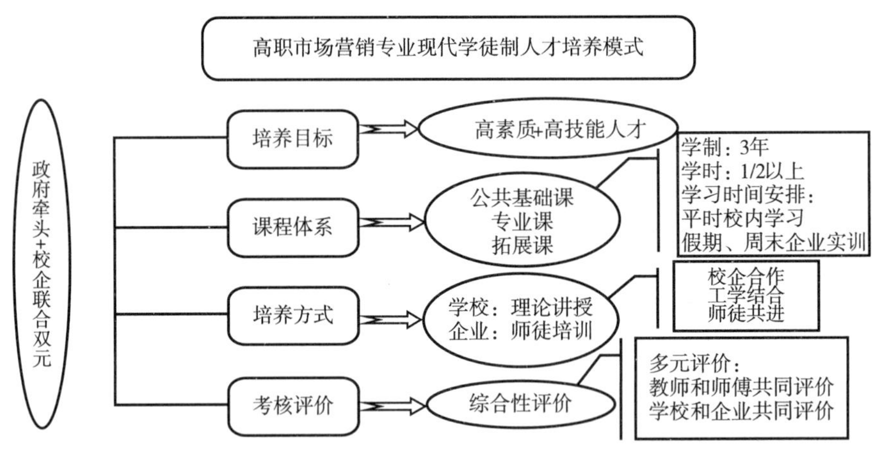

图 4-2　市场营销专业现代学徒制人才培养模式框架图

由图 4-2 可见，市场营销专业现代学徒制人才培养模式将培养目标的精神理念灌输到课程安排和培养方式之中，通过企业和学校为载体将其教授和传授给主体（学生或学徒），学生作为主要的教育和培训结果接受教师和师傅的综合评价，最终达到人才培养目标的要求。

（一）确定现代学徒制人才培养目标

现在很多单位对于高职学生的评价是：“高职生理论水平不如大学生，操作水平不如

职高生。”要改变这种看法，关键在于制订明确的人才培养目标，培养出适应不同市场需求的、职业定位明确的毕业生。从市场需求上来看，目前就业市场上对营销专业人员应聘的要求主要有两个：一是职业素养高，二是具有实际工作经验。因此，学校要与企业共同商讨制订市场营销专业学徒人才培养目标，使学校培养人才适应社会用人单位的需要。

（二）设计现代学徒制模式的课程体系

课程体系是人才培养活动的载体。按照市场营销专业现代学徒制模式的人才培养目标要求，高等职业院校市场营销专业必须打破旧的课程模式，将培养目标要求的知识、能力、素质结构，分解为不同的教学模块来组织教学。

1. 合理安排学校和企业学习时间

根据现代学徒制培养目标的要求，制定灵活的学徒企业实习时间。一方面，要求学生利用假期（主要是寒暑假）、周末等课外时间到校外单位实习；另一方面，在大二完成专业课学习的基础上，大三第一学期统一安排 3~6 个月的专业跟岗实习，第二学期再进行 6 个月的顶岗实习。这样既保证了有效的学习时间，也可对学生假期社会实践及集中专业跟岗实习进行统一的管理和监督，保证实践的效果。

2. 加大实践课程学时比例

为了保证学生有足够的时间听从师傅的指导，在“做”中学到更多实践技能，可在市场营销专业现代学徒制模式中规定实践实习课程占总课程的 1/2 以上。

3. 优化专业课程结构和内容课程设置

可邀请企业师傅和校方一起研讨，在广泛征求企业师傅意见的基础上，对基础课主要以目前市场营销人才的职业岗位必备的知识与能力结构来确定培养方向；专业课则从企业应用的角度选择，着重实用性、针对性和先进性，为学生就业增加砝码。

（三）明确现代学徒制模式的培养方式

在学校期间，由学校教师对学生进行专业课程讲授，侧重于专业理论知识的讲授，并利用电子沙盘模拟等实训平台，模拟企业在经营管理中的营销决策。例如，通过学生分组，小组成员分别担任公司的总经理、财务总监、营销总监、生产总监、产品总监、人力资源总监等角色，组建公司的管理层，并在变幻莫测和竞争激烈的市场环境中得以生存和发展，其他小组都是本小组的竞争对手。面对激烈的市场环境，公司的管理团队必须做出竞争分析、渠道开发、市场营销、产品研发、品牌设计、财务预算、成本控制、经营分析、绩效改进等各项经营决策并有效执行，最终形成公司的经营决策，通过若干个经营周期的运营管理与市场竞争，尽可能实现公司价值的最大化，并在与其他小组的激烈竞争中保持企业的发展壮大。这种让学生在贴近营销实际的情境中学习，可以提升学生学习兴趣和实践操作能力；在企业学习期间，由企业师傅制订教学目标和计划，对学生进行专业培训，主要注重训练学生的专业技能和与人交流、与人合作、解决问题等职业核心能力，并尽可能通过岗位轮换、小组协作等形式完成规定的任务训练。

（四）制定现代学徒制模式的考核评价体系

考核由教师和企业师傅、学校和企业共同完成。学生在校期间的考核，应从专业知识、专业技能、通用素养（出勤、课堂表现、作业完成情况、协作表现）三方面进行过程化考核和终结性考核，同时配以相应的权重综合考评；在企业实习期间的考核，由企业师傅对其岗位技能、职业态度、解决工作中实际问题的能力等方面的表现进行综合评价。考核评价体系框架如图 4-3 所示。

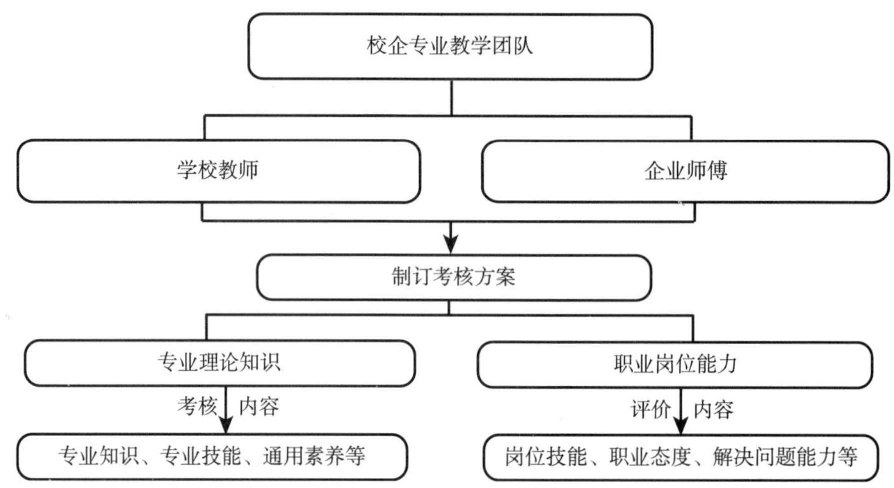

图 4-3　市场营销专业现代学徒制人才培养模式考核示意图

二、改善开展现代学徒制的保障条件

要使职业教育现代学徒制顺利开展、推广及普及，整个社会系统环境中的政府、企业、行业和社会都必须发挥作用。同时还要借鉴西方成功的案例和我国目前已开展的现代学徒制试点的经验，才能推动职业教育尤其是高职教育现代学徒制的可持续发展。

（一）制定相关法律保障

参与各方利益德国的“双元制”之所以能够成功，除了本国崇尚技艺的传统和企业积极参与的热情外，完善的法律体系保障也是其成功要素之一。调查显示，我国目前开展的现代学徒制试点存在的主要问题就在于企业参与热情不高、企业培训经费无保障、学生学徒身份合法性得不到认可等。为此，我国有必要加快立法，保障企业、学生、学校等各方面的利益。

（1）国家出台相关激励政策，鼓励企业参与现代学徒制，如地方政府根据企业培养学徒的数量适当减免税收、政府和学校给予企业一定的培训经费补偿等。

（2）出台相关法律明确界定学徒身份，要求培训企业必须根据法律保证学徒学习期间权益，如向学徒支付报酬、为学徒购买社会保险等。

（3）国家制定明确的试点标准，可要求行业协会、企业和学校专家一起论证相关学校

和专业实施现代学徒制的可行性，鼓励有条件的职业院校积极开展现代学徒制试点，并建立试点工作年报年检制度，根据试点学校的年报内容和现代学徒制的成果作为该校下一年度单招核准和布点、经费支持的依据。

（二）建立技术支撑框架体系，做好顶层设计

政府应牵头组织行业、企业和学校一起成立专门研究机构，制订相对统一的技术框架标准，如企业、培训机构的准入标准、学徒的职业能力标准、职业培训标准、管理与考评办法等，使学校教学和企业培训标准规范化、内容明晰化、学徒考核标准统一化。此外，学校需做好顶层设计，成立学徒制试点指导委员会，统筹管理现代学徒制试点相关工作，如与企业签订培养协议、安排制订相关专业试点人才培养方案和课程标准、学生的选拔标准、考评标准、培训双师型教师、组织专门人员对企业培训效果进行评价。

（三）加大社会宣传，提高职业教育的认同感

推进现代学徒制应做好两个方面工作：

（1）提升现代学徒制人才培养质量，进而体现职业教育的唯一性与不可替代性。

（2）加强对现代学徒制的普及教育与宣传工作，使现代学徒制这种人才培养模式得到社会广泛的知晓与认同。

总之，为了逐步建立起企业和高校双主体育人的现代学徒制，实现“招生即招工、入校即入厂、校企联合培养”，需要政府引导、行业参与以及社会的大力支持，共同提高市场营销专业人才的培养质量，更好地服务社会。

第五章　基于现代学徒制市场营销专业实践教学的内容体系

第一节　现代学徒制市场营销专业实践教学内容体系的构成

一、现代学徒制市场营销专业实践教学内容体系构建的指导思想

以市场营销专业人才培养目标为切入点，分解专业对应的岗位及岗位群典型工作任务，以完成典型工作任务所需的基本技能和基础知识培养为平台，充分预见企业未来技术发展趋势，反推专业实训项目的设置和课程体系构建，查找专业实践教学欠缺的项目与要求，优化现有实践教学项目与内容，完善实践教学体系，落实具体实施措施，构建营销岗位及岗位群职业需求为导向，以营销职业技能培养为特长，以职业技术素质教育为主线，课内强化单项性实训，优化综合性实训，协同顶岗实习、课外延伸和增加课堂主渠道的育人作用，构建“职业、技术、素质三位一体，单项实训、综合实训、顶岗实习三阶递进，课内、课外二元并重”的实践教学体系，培养市场营销一线高素质技术技能人才。

二、现代学徒制市场营销专业实践教学内容体系构建的思路

根据专业人才培养目标，充分开展企业调研，确定学生就业的岗位、岗位群，列出每一岗位、岗位群应完成的典型工作任务，包括每一典型工作任务所需的核心技能、核心设备和基础技能、基础设备，从核心技能和核心设备出发归纳出应设置的核心实训项目，结合实训项目列出对应开设的核心（基础）课程名称。

三、现代学徒制市场营销专业实践教学内容体系的构建

高等职业院校市场营销专业实践教学内容体系由顶岗实习模块、综合实训模块、单项

实训模块三个部分组成，各模块间的关系及其作用是：一是各类实践教学内容模块的相互关系为顶岗实习为顶层、综合实训为承接层、单项实训为基础层；二是从单项、综合到顶岗，对上层实践教学内容模块均起支撑作用；三是从顶岗到综合、单项，对下层实践教学内容模块均起优化作用。

（一）单项实训

单项实训是遵循人的认知规律，为了使学生掌握课程中某一特定的、基础的技能而开设的实训。高等职业院校市场营销专业单项实训主要由商务礼仪训练、社会能力训练、会计分岗技能训练、营销策略应用能力训练、产品销售技能训练、市场调查技能训练、商务谈判技能训练、网络营销技能训练、分销渠道开发技能训练、客户服务与管理技能训练及认识实习等组成。

（二）综合实训

综合实训是实践教学体系中具有承上启下作用的重要环节，是为了学生完成对某一专业技术技能掌握而设置的实训项目，具体是将若干个单项实训按照完成企业岗位及岗位群典型工作任务应具备的技能培养顺序有机地整合在一起，发挥综合培养学生岗位职业能力的优势作用，使学生有效掌握相应专业技术技能，并营造准职业岗位环境及企业文化氛围，促进学生形成”价值认同、行为服从、吃苦耐劳、技能出众”的企业理念。

（三）顶岗实习

顶岗实习是实践教学体系体现校区合作契合点的关键环节，是指学生到专业对口（或相近专业或相关专业）的企业岗位实习，并完全履行其岗位的全部职责，直接参与生产过程，综合运用本专业所学的知识和技能，完成一定的生产任务，并进一步获得感性认识，掌握操作技能，养成正确劳动态度的一种实践性教学形式。

高等职业院校市场营销专业顶岗实习主要由教学过程顶岗实习和毕业顶岗实习两种类型组成。此外，在专业自身实践内容体系建立的基础上，应将公共基础课中的实践教学项目有机融入专业的实践教学内容体系中，同时要注重发挥第二课堂的实践育人作用，引导学生积极、主动参与社团活动、科技竞赛、社会实践等活动，以此构建完整的市场营销专业实。

1. 建立顶岗实习的保障体系

在顶岗实习这一教学模式中，学校与企业都是主体，这就需要双方合作，同时也需要建立相应的保障体系。校企合作是近年来职业院校组织实习的主要方式，建立完善的顶岗实习保障体系应包括完善的组织领导、良好的实习条件、合理的师资力量和实习经费管理。

这一体系的全面构建能够很好地维护顶岗实习工作的开展。保障体系的建设在整个教学过程中占据着重要地位，推动并保障校企合作的达成。因此，顶岗实习的保障体系需要

关注到各个方面的因素，从而实现综合规划设计。在校企合作的过程中，如果缺乏保障体系，受到影响的必然是学生。

2.建立顶岗实习资源保障体系

对于职业院校而言，合作进行顶岗实习的企业是至关重要的资源，因此，从一开始就要认真筛选，选择能够满足学生实习岗位需求、有优良文化传统、具有较高综合实力和社会公信力的企业作为合作单位。在学生进入企业实习之前，要签订具有保障性的劳务合同，以充分保障学生的权利。同时要充分意识到学生群体在顶岗实习过程中的特殊性，注重维护学生权益。保障校企合作的师资队伍建设也是资源保障的一部分，建立资源保障体系就是要将这部分内容列入保障中。学校需要进一步加强对教师的培训，建立双师体系，将一些本身缺乏实践经验的教师带入实践中，增强其实践能力，使他们在实践中找到教学的补充点。最后，也要加强对顶岗实习资源保障资金体系的建设，为学生建立完善的保障体系。

3.建立顶岗实习管理体系

学生进入顶岗实习的过程是一个转变的过程，在这个过程中，学生一只脚迈向社会，需要完成角色的转变，并完成世界观、人生观、价值观的构建，学校因此要加强管理，在制度上对学生进行约束，在成长过程中给予学生正确的引导。

在学生顶岗实习的过程中，要关注对学生学习过程的记录，从而为学生的发展给出良好的指导。作为跟进的指导教师，要及时对学生的实习过程进行记录，认真做好实习记录和实习总结，以便对学生的学习情况进行分析。

在顶岗实习过程中，学生还处于学习的状态，有很多内容需要进一步的积累与学习，因此，制定相应的管理体系不仅能帮助学生更好地进入职位中，也能实现现代化教学的发展，帮助学生更好地完成教学目标，实现自身能力的发展。这些都是现代化教学工作发展的必然要求，能够促成现代教学工作的全面发展。

4.建立顶岗实习的质量监督体系

建立科学、合理的顶岗实习质量监控体系是非常必要的。在学生顶岗实习的过程中，应做好宏观监控和教学质量的评估，建立学生顶岗实习的质量评价体系、教师或师傅评价体系等。监控内容应包括顶岗实习的教学目标、教学内容、学徒的工作岗位和工作情境、师傅的教学方式和手段、学徒的学习投入度和即时实践效果，全面考察顶岗实习期间的教学质量。

各个院系的顶岗实习办公室是顶岗实习过程监控的主要负责单位，负责顶岗实习组织、计划和任务的具体实施。在顶岗实习的过程中，只有进行质量监督体系的建设，才能切实地推进现代化教学的发展，关注到学生的能力与质量监督体系的发展，从而达成顶岗实习整个教学实践的发展。

第二节 现代学徒制市场营销专业实践教学内容体系的构架模式

一、突出能力培养

（一）职业能力的分析目的与分析意义

所谓职业能力，就是构成职业教育专业的标准、构成职业教育课程的体系、构成职业教育课程标准的重要基础所在。开展职业能力分析的根本目的则是为了对现代学徒制市场营销专业的实际工作项目加以明确，并且更加清楚地了解到每一项工作包含的基本工作任务，相应的职业能力，从而对现代学徒制市场营销专业应具备的职业能力标准体系进行探索，进而使市场营销专业课程体系在构建与开发之上更加科学、合理。为此，可以采取调研、座谈、工作现场观察、工作体验、专家交流等多种途径，对现代学徒制市场营销专业的学生们应该拥有的职业能力加以总结，进而清楚地了解并且掌握每一个工作岗位应该具备的职业能力，应该完成的岗位任务，从而使其成为市场营销专业课程体系构建的理论依据。

（二）现代学徒制市场营销专业职业能力分析的方法

1. 文献分析的方法

所谓的文献分析方法，就是指通过对论文、著作的阅读与分析，收集整理所有与岗位职业能力相关的信息资料以后，初步制定出市场营销专业的职业能力框架，并且在后期的专家座谈交流会上，企业调研问卷的基础上，对现代学徒制市场营销专业的职业能力分析加以丰富与完善。

2. 实地调研的方法

可以通过对与高职院校合作的企业的实地调研工作，了解企业学生岗位培养的实际情况。还可以采取与企业管理人员进行座谈的方式，汇总并梳理岗位职业能力的基本组成，从而为现代学徒制市场营销专业职业能力的制定提供重要依据。

3. 问卷调查的方法

问卷调查方法主要针对的主体是高职院校市场营销专业历届的毕业生以及部分企业的管理人员，着重调查了学生们在不同营销岗位的实践工作过程中应该具备的职业技能与职业素养，调研所得结果，通过分析与整理之后，可以作为现代学徒制市场营销专业职业能力分析的重要基础信息资料。

（三）现代学徒制市场营销专业职业能力分析的成效

1. 有效地提升了专任教师对整个行业、企业的认识与了解

通过职业能力的分析能够有效提高专任教师，在整个行业、企业中的一线实践经验，并且通过与企业管理人员的沟通与交流，还能够使专任教师更加清楚地了解到目前市场营销专业人才必须要具备的各项职业能力，从而有针对性地开展市场营销专业教学工作。

2. 对市场营销专业学生们的职业发展路径起到了明确作用

高职院校以往在开展实践教学调研的过程中都是通过对毕业生进行跟踪调研，企业反馈的方法，找出个别岗位群体的职业发展路径。而基于现代学徒制的市场营销专业，因为学徒都是直接通过岗位进行培养的，所以其所面向的商贸流通企业的发展路径也不尽相同，对学生们的要求更是有所不同。这是因为与高职院校相联合的企业会专门为学徒设置一个岗位，学徒不仅能够更加真实地感受到岗位实践工作，晋升速度也较快，等学徒学期满后就能够直接上岗就业。因此就需要在培养期间，通过岗位工作的实际要求，对市场营销专业的学生们进行能力训练与职业技能培养。

3. 明确了校企联合对市场营销专业人才的培养目标与培养定位

传统的市场营销专业之所以无法满足学生们的学习要求，难以适应激烈的市场竞争，主要还是因为缺乏行业背景，无法实现产教融合，且学科体系的理论知识过于广泛，以至于培养出来的学生们对行业不够专业，对企业不够专业，甚至对岗位也不够专业。而基于现代学徒制的市场营销专业恰恰缩小了行业、企业、岗位的实际研制范围，使整个研制过程更加聚焦，更加具有针对性，尤其是与企业开展的深度人才培养、人才岗位定位，更是对岗位能力进行了进一步的明确，即便学生完成学习任务离开了实训企业，也能够将自身的能力很好地迁移到全新的工作岗位之中，从而提高学生们的市场竞争力。

4. 为市场营销专业课程体系的构建提供了重要的理论依据

通过对市场营销专业学生们职业能力的分析，市场营销专业的教师们能够积累到大量的职业能力分析原始资料，能够最终确定出企业对市场营销专业人才的职业能力需求，进而为现代学徒制市场营销专业职业能力的培养构建提供坚实的理论依据。

二、整合校内实践资源

现代学徒制的基本特征是校企双元育人，交替训教，岗位培养；学徒双重身份，工学交替，岗位成才。市场营销专业实施现代学徒制，其资源整合孕育在“双主体”办学模式构建、“双身份”学徒角色融合、“双体系”校企合作课程开发、“双导师”教学团队建设、“双标准”考核评价制度建立等五个方面。

（一）协同育人机制的构建

（1）营造社会氛围社会、企业和家长认可高等职业教育的作用和价值，明确职业教育是类型教育，不是层次教育、低端教育。

（2）构建校企双元育人体制机制明确校企双元育人的责、权、利和具体指导办法。国家应从宏观层面完善相关政策法规，协调支持企业与学校的合作，完成政策法规类资源的整合，既考虑到企业利益的诉求，又要兼顾学校人才培养的需要。

（二）教学实施过程

1. 才培养方案与课程

市场营销专业学生毕业后，就业单位和岗位多样，既有制造企业、商业企业，也有餐饮业、运输业、房地产业等；既有大中型企业，也有小微企业。在制订人才培养的方案中，要立足区域经济，有机融合企业工作岗位规范与人才培养目标，合理融合行业标准与教学标准，针对校企合作开发课程体系，科学融合企业案例项目与教学内容，实践“学生→学徒→员工”三位一体的人才培养模式。在校企合作过程中，要重点考虑与大企业间的资源合作，因为大企业具有较大的能量，能够为市场营销学徒提供稳定的工作环境，因实力较强，能够更好地保证培训效果。同时，国家在政策上的扶持，也使大企业更愿意加入校企合作中。

2. 教师队伍建设

市场营销专业具有较强的专业性和实践性，应挑选教师定期到对接企业学习技能，提升校内专任教师的水平；实施“企业方师傅师资认证”；建立企业教师、学校教师、专业学生现代学徒制档案；建立学校导师制度、建立“学长制”、建立企业导师制度，整合师资队伍资源，组建市场营销专业现代学徒制优质师资团队。

3. 学习工作场所整合

学习工作场所资源，建设现代学徒制、校企资源共享的教、学、训的设施资源。实现功效“五合一”，即办公室、教室合一；学生、学徒合一；教师、师傅合一；学习、工作合一；育人、创收合一。

（三）教学管理与评价

校企共同制定、完善《现代学徒制学生（学徒）行为规范》及《现代学徒制学生（学徒）管理办法》，整合学徒制教学管理过程中的人力、物力等管理资源，明确校企双方的责与权，规范校企双方的管理行为，提升学生（学徒）的责任感。校企建立考核评价制度，将过程评价与结果评价相结合，将学生自评，同学互评、教师评价及企业导师评价相结合，实施多元、多样对学生（学徒）评价，完成学徒制的学与做的评价，作为用人单位挑选学生的依据之一。

三、开拓校外实践基地

实训基地是高等职业院校实施实践教学的基础和首要条件，加强实训基地建设是高等职业院校改善办学条件、彰显办学特色、提高教学质量的重点，对提升学生的综合职业能力是至关重要的。

（一）市场营销专业实训基地建设背景

“十三五”期间，围绕深化产教融合、校企合作、工学结合主线，加强职业教育基础能力建设，以强化基础性、通用性技术技能实训为重点，加强基本教学型技能实训设施建设，增强职业学校基本实践教学能力；以强化岗位专业技能实训为重点，以校企合作模式建设生产性实训基地或兼具生产、教学功能的专业化实训基地；以职业和就业能力建设为重点，建设区域性、行业性公共实训中心，突出模块化实训特色，促进职业技能实训资源整合和共建共享，向包括职业院校在内的全社会开放。加强职业教育基础能力建设，稳定和扩大培养培训规模。

一些院校市场营销专业人才培养采用“调岗对接，理实交融”的培养模式，以优质核心课程建设为契机，以工作过程为导向进行课程开发，以行动导向进行教学模式改革。该模式以学生为主体，以培养就业能力与创业能力为导向，围绕学生在企业的岗位能力需求以及岗位提升能力的需求，在真实的企业化环境中，依据“观摩—体验—模拟—训练—实战”五步递进的方式，通过对企业工作任务的实施，开展课程教学和实战训练。通过“学中做”“做中学”的方式，培养学生营销单项操作技能及营销综合技能，进一步对我校市场营销专业实践实训条件提出更大的需求。

（二）市场营销专业实训基地建设基本原则

1. 导向性原则

实训基地建设要发挥导向作用，考虑把优质教育资源与行业企业生产有效结合，以项目建设的形式完善学校重点专业实训基地建设，通过实训基地真实的职业环境，按照与职业岗位群对接的要求，开展各种技能训练。

2. 共享性原则

实训基地建设目标定位要准确，要综合利用现有资源，最大限度地实现资源共享、辐射相关专业。各实训室的建设不仅满足本专业的实践教学需要，也要满足其他相关专业学生的实训需要。

3. 效益性原则

实训室建设应与各专业人才培养规模和市场对技能型专门人才需求状况相匹配，要注重社会效益和经济效益相统一。要创新管理理念，注重开辟新思路、实行新机制、采用新模式，提高实训基地的经济效益。

4. 持续性原则

通过多种途径，提高软、硬件设施建设水平，增强实践教学和社会服务能力。要坚持依靠专业办产业，办好产业促专业的原则进行建设，在保证完成实践教学的前提下，创新实训基地管理体制和运行机制，实行专业化生产经营，企业化服务管理，形成管理、运行、发展的长效机制，使其成为集教学、培训、生产、科研为一体的多功能教育实体，确保基地的可持续发展。

（三）市场营销专业实训基地建设目标

实训基地是集理论与实践的专业能力培训和职业素质训导为一体的职业教育的场所。实训是培养和提高人们的实际操作能力，使受训者通过实地体验、实际操作、实战演练从而习得技能的过程。实训的目的是以提升实训者的技术技能为主，实训的内容是以实际操作技能为主，实训的手段是以实物操作和仿真模拟为主，实训的功能是以是否促进就业来体现。

通过校企合作的营销专业实训基地建设实现企业、学校优质资源融合、教学科研协同、学校企业联合培养人才的实验教学新模式，探索满足新时期人才培养需要的实验室建设和教学改革方向，建立创新人才成长环境，支撑拔尖创新人才培养，服务国家科教兴国战略和人才强国战略。营销专业综合实训中心将承载以下功能：

1. 实践教学基地

市场营销专业实训基地建成后将作为高等院校市场营销专业学生进行自我认知、企业认知、专业技能训练、岗位能力培养、企业运营管理为一体的综合性实践教学基地。

2. 师资队伍培训基地

市场营销专业实训基地建成后将服务于国内、省内市场营销专业师资队伍提供实践教学课程、实践教学方法与教学信息化领域的研修与服务。

3. 优质课程体系建设平台

市场营销专业实训基地建成后，应加快市场营销专业优质课程建设，推出一批资源共享的慕课、视频公开课等在线开放课程。建立在线开放课程学习认证和学分认定制度。组织专业（学科）带头人、行业企业优秀人才，联合编写具有科学性、先进性、实用性的市场营销重点教材。

4. 精品市场营销专业人才培养基地

通过市场营销专业实训基地的建设，校企深度合作，建立专业实验与专业训练、专业技能培养与实践体验相结合的实验教学模式，打造贴近实际地模拟、虚拟、仿真实验环境，实现专业实验与科学研究、社会实际、社会应用相结合。探索学校与产业、行业、企业协同培养人才的新机制，为用人单位培养创新型、应用型、技能型人才。

5. 社会咨询服务、培训基地

市场营销专业实训基地建成后将为企业、营销就业人员、创业青年及相关单位提供营销能力提升培训和咨询服务。

6. 示范基地

市场营销专业实训基地着力打造实训环境仿真、平台仿真、业务仿真，开发及引进优质新型教学资源，提升教学手段及教学方法，加强实训中心管理及示范推广。建成后将作为校企合作优质营销人才培养基地、实践教学基地、师资研修基地，打造特色卓越营销人才培养示范基地等。

（四）市场营销专业实训基地建设规划

市场营销专业实践教学人才培养路径规划分为认知、熟知、实践三个阶段。

认知阶段：即认知自我、认知企业。通过实训让学生认知自我，透析自我人格特质；认知企业，让学生体验企业经营管理流程、在竞争环境下生存发展的过程；提高学生团队协作能力、沟通能力和综合素质。

熟知阶段：即进行专业基础实训和专业综合实训。在实训中进行营销典型人物、掌握营销工具、认知营销对企业的价值创造过程。

实战阶段：即进入搭建的虚拟商业社会环境，通过对现代制造业、流通业及其与现代服务业进行全方位的模拟经营及管理，使学生感知企业内外部组织管理流程、业务流程及各组织间的关系；学生根据组织岗位任务完成相应的工作；在此基础之上，提升学生的实践操作能力、协调沟通能力、综合决策能力。通过实践教学人才培养路径中三阶段细分为认知实训、专业基础实训、专业综合实训和校内综合仿真实习四个功能区。

1. 认知实训区

包括先天沙盘实训室、企业模拟经营实训室主要面向学生开展认知类实训。通过实训让学生认知自我，透析自我人格特质；认知企业，让学生体验企业经营管理流程、在竞争环境下生存发展的过程；提高学生团队协作能力、沟通能力和综合素质。

2. 专业基础实训区

包括信任沟通实训室、策略销售沙盘实训室、营销实战实训室针对当今及未来社会人才需求，以营销岗位技能训练为目标。在实训中感知营销典型人物、掌握营销工具、认知营销对企业的价值创造过程。

3. 专业综合实训区

包括 B2C 门店营销综合实训室、B2B 大项目营销综合实训室通过分层级模式，使学生掌握 B2C 门店营销能力和 B2B 大项目营销能力。

4. 校内综合仿真实习区

通过多专业协同实训为手段，以打造虚拟商业社会环境为目标，通过对现代制造业、流通业及其与现代服务业进行全方位的模拟经营及管理，学生在多类社会组织中从事不同职业岗位工作，使学生感知企业内外部组织管理流程、业务流程及各组织间的关系，学生根据组织岗位任务完成相应的工作。在此基础之上，提升学生的实践操作能力、协调沟通能力、综合决策能力。

（五）市场营销专业实训基地教学平台建设

1. 认知实训区

（1）认知实训区——先天特质沙盘实训室。

先天特质测评是围绕心智结构，以人才测评基本内容为基础，将动物行为学和人类行为学融合，利用老虎、海豚、企鹅、蜜蜂、八爪鱼五种动物的显性属性反映人类思维与行为特质，让学生了解到不同人群之间的思维差异，学会根据不同特质的人才采取不同的行为沟通模式。通过学习达成学生自我认知、职业规划、了解他人、高效沟通的课程目标，从而有针对性地训练各项创业就业素质，使之成为一门集知识性、科学性、趣味性于一体的体验式演练课程。

互动式教学：通过现场举例问答互动、固定场景模拟演绎、观看教学视频回答问题，提高学习兴趣，轻松掌握课程内容；体验式教学：通过沙盘与教具卡片，让学员自主思考及亲身体验，动脑又动手完成基本行为特质在沟通的有效运用，提升学习成效；趣味式教学：通过科学测验的方式，让学生了解自我和行为标准，以案例视频、卡牌桌游、情景表演等多种生动有趣的教学环节设计，增强课程趣味度。

（2）认知实训区——企业经营模拟实训室。

企业经营管理沙盘系统着重培养学生的综合素质，让学生体验企业，体验企业经营管理流程、体验企业在竞争环境下生存、发展的过程以及为此过程而必须作出的关键决策；系统地体验制造业企业的完整运营流程，理解物流、资金流、信息流的协同过程；深刻理解企业战略的重要性，学会用战略的眼光看待企业的业务和经营，保证业务与战略的一致；掌握常用的营销方法和营销策略，学会分析市场、制定营销策略，进行竞争对手分析；了解生产运作管理的基本内容，感受生产与销售、采购的密切关系；理解“现金”对于企业的重要性，学会解读财务报表，进行简单的财务分析；理解团队合作的重要性，树立全局观念及共赢理念；体会信息化对企业管理的重要作用，理解企业信息化建设对企业管理引起的变革。

2. 专业基础实训区

（1）专业基础实训区——信任沟通沙盘实训室。

信任沟通沙盘是以销售拜访过程为主线，精品视频、情景演练为主要辅助教学工具和方法，通过对销售拜访流程的逐步展开和真实、贴切、深刻、对照鲜明的视频嵌入式教学，配合连续、阶段性案例设计，模拟客户真实情景进行销售拜访与推进，让学生能够在视听、互动和现场演练中体会到销售拜访的全流程与沟通技巧：了解客户决策思维过程；认知基于客户认知的销售沟通流程，并制订拜访计划；了解关注客户感受的思维方式；熟悉双赢拜访沟通技巧；感知专业化销售能力；了解销售内部共同语言、提升沟通效率。销售的成功，是由销售和客户一次次面对面的有效拜访构成的，每次客户拜访决定了销售策略的执行、项目推进效果和质量。只有见面，彼此才会建立信任，只有建立信任，客户才会购买。

（2）专业基础实训区——策略销售沙盘实训室。

策略营销沙盘模拟训练课程借助直观地沙盘教具，在公开透明的市场上进行经营竞争模拟，学生分别担当制造商、总代理和零售终端的角色，共同协作实现整条供应链的高效运作。通过项目的生动案例进行沙盘实战演练，让学生亲身感受到复杂销售的精髓，掌握

销售中识局、拆局和布局的策略制订。同时，以量化的工具对效果进行分析评价，将战略营销管理的知识和技能融于整个模拟训练之中，使学生感悟知己知彼、谋定而动、行动前计划的重要性，在团队中建立对于销售策略的共同认知，统一销售语言，从而获得解决销售困境的能力。

3. 专业基础实训区——营销实战实训室

营销实战沙盘模拟一家公司公开招聘组建营销团队，经过共同进行目标市场分析、客户价值定位、营销规划、专卖店、加盟店设计与建设、市场品牌传播与活动策划等准备工作，进行交易会集中竞单，并完成订货、交货及客户服务的营销完整过程，并做出收入、成本、费用、利润分析，对各个岗位和关键任务进行绩效评价。体验营销组织营销规划和营销业务全貌，以全局视角纵观营销；通过角色分工，体验各主要岗位角色典型人物、关键工作、分析决策事项；团队协作，跨部门分析制订策略和业务规划，体验各角色协调合作重要性；通过制订业务计划、收入费用预算等，体验业绩与营销费用管理的重要性；体验规划、渠道、市场、销售、交付、客服、销售管理、财务等全业务流程；培养团队协同合作意识、控制营销风险，强化按计划规范有序经营的意识。

4. 专业综合实训区

（1）专业综合实训区—— B2C 门店营销综合实训。

以门店营销岗位技能训练为目标，通过营销门店的实训，使学生熟悉门店营销业务、流程与工具；了解并体验职业形象、基本礼仪、销售沟通、商品导购、陈列、收银等几大核心技能，并能有效应用；了解门店管理及运营流程、关键业务及营销技能，认知门店管理及销售典型人物。在真实环境中，针对不同的顾客，门店销售会用一定的方法根据不同顾客的购买需求，通过接近、需求探寻、有效引导、有效推介、销售沟通，为顾客提供愉悦的体验和专业建议，以满足顾客真正的需求及获得价值。通过小组讨论、方案确定、角色扮演、总结分析等方式，充分调用之前所学，锻炼完成任务、解决问题的能力。

（2）专业综合实训区—— B2B 营销综合实训。

营销专业综合实验教学是以实际营销业务、营销案例为背景，让每个学生置身于门店营销实战的场景中，以各自代表的角色和岗位，通过业务模拟的方式进行营销实战的实践教学。采用开放式教学设计，基于任务，面向问题，在情境中通过发现问题、寻找方案、行动体验、总结反思等过程，以学生为主体，倡导自主学习，学以致用。教师作为实习内容的设计者和指导者，给予学生一定辅导。整个教学过程按企业销售流程划分为职业认知中心、知识中心、顾客认知中心、形象礼仪中心、销售中心、陈列中心、商品管理中心、顾客服务中心、销售管理中心九大中心，构建了完整的全真销售环境。以任务为导向，以流程为主线，每个典型人物都有相应的知识点在线学习、典型人物工作流程指引、相应工具使用说明，以学生任务开放自主、社会协调的设计理念帮助学生学习，并配套了多种辅助教学资源。

5. 校内虚拟仿真实习区

企业全景仿真模拟实训——“虚拟商业社会环境跨专业综合实训平台”是多专业综合实训平台，学生混合组成多家仿真现代制造业、现代服务业、卖场与物流、现代金融业和政务服务管理机构，在教师指导下，按照实际业务流程及规则，在复杂动态的仿真市场环境中进行大规模模拟运作。通过对真实商业社会环境中初创企业典型单位、部门与岗位的系统模拟，让学生在其中进行身临其境的岗前实习，使学生认知并熟悉现代商业社会内部不同组织、不同职业岗位的工作内容和特性，训练学生从事经营管理所需的综合执行能力、综合决策能力和创新创业能力，培养学生的全局意识和综合职业素养。培养高潜质、有全局观的实务型岗位人员，使学生在进入企业后有能力胜任岗位工作，懂业务、会应用，具备较强的团队合作意识及创新思维能力。

四、实践案例

现代学徒制、校企合作、工学结合是我国职业教育领域中一项关键的校企合作育人机制和现代人才培养模式。如何具体实施是高职院校需要探索和实践的重要课题，以 AH 财贸职业学院为例，该院校市场营销专业在深入调查研究行业及企业实际用人需求，结合多年来在校企合作共同培养适应社会需要的技能型人才方面的经验，创新地提出将沉浸式现代学徒制培养模式应用到实践教育基地建设上，从职业认知、专业知识和技能、企业岗位素养三个方面实施沉浸式现代学徒制培养模式，增强学生的专业技能和职业素养，提高就业竞争力，同时为实践教育基地企业输送了大量适应企业需求的专业技能人才。

（一）沉浸式教学方法与现代学徒制培养模式的匹配性

沉浸式教学方法起源于加拿大，其本质就是将学生“浸泡”在外语的学习环境当中。我们认为，其实沉浸式也可以应用于其他知识和技能的教学过程中，特别是职业技能的教育和培养过程中，因为知识和技能一般可分为显现知识和隐性知识两大块，显性知识通常以书面文字、图表和数学公式加以表述，一般的课堂教学方式都可以完成；隐性知识具有高度个人化的知识，往往难以规范化，而且由于植根于行为本身和个体所处环境，不易传递给他人。因此，这些知识就需要具有专业技能的师傅在模拟或者真实的工作岗位上，通过“传、帮、带”将课堂上无法解决的隐性知识传授给学生。从某种意义上来说，“现代学徒制”职业技能培养模式本质上就要求将学生置于一个真实的工作场景，让学生“浸泡”在这个环境下，最大限度地注意和参与学习过程，提高学生的职业技能。

（二）高职院校与企业合作进行实践教育过程中存在的问题

虽然我国高职院校在“工学结合”“现代学徒制”等培养模式的探索已经开展了多年，各类型的实践基地也建设了很多，但是总体来说效果不够明显，存在着很多问题和障碍。

1.企业在实践基地建设中利益不足，导致企业参与的热情低

对绝大多数企业来说，之所以愿意与职业院校建立实践教育基地最关键的是希望获得人力资源回报。然而在实践中，企业投入大量的人力、物力，但学生往往只是把实习企业看作是学校安排的实践锻炼场所，对企业缺乏认知，导致是学生毕业后选择留在实习基地企业中继续就业的很少。

2.学生在校园里的理论学习与基地企业的实践训练难以融为一体

目前，很多职业院校虽然不断加大实践教学的力度，但是在培养方向、教学制度、课程设计、教学内容和形式等方面存在不匹配和脱节的现象，校园的理论教学和实习基地的实践培养是"两张皮"，学生自身没有能力将两者融会贯通。这就像我们本来希望学生能够用专业知识和实际技能两条腿走路，然而事实上是这两条腿要不就是"一条腿长，一条腿短"，要不就是两条腿走路不在一个节奏上。

3.学生的职业素养难以得到有效提升，无法成为企业所需要的合格人才

在绝大多数情况下，学生在企业实习过程中往往只是把注意力放在技能学习上，忽略培养学生的职业素养。同时，学生在企业实习过程中也不能将自己的身份转化为企业的员工，依旧带着学生的心态参与实习，不能沉浸于企业的工作场景中进行实践锻炼，职业意识、职业信念、职业道德、职业行为习惯得不到真正锻炼和提升。

（三）AH财贸职业学院市场营销专业沉浸式现代学徒制实践基地改革实践

2015年开始，AH财贸职业学院市场营销专业率先与省内多家汽车销售公司进行合作，实行沉浸式现代学徒制实践基地改革，并且逐步扩大到茶叶产品、家电产品和电子产品等多个行业，通过建立以校内营销实训室群全真模拟实训、校外实习基地企业真实岗位顶岗实习为一体化的沉浸式现代学徒制培养模式，将人才培养目标从传统以技能提升为主转换为塑造学生完善职业素养为主。

1.学院与企业共创"教学院系双院长"管理制度，为沉浸式现代学徒制实践基地改革奠定组织和制度上的保证

AH财贸职业学院从2016年开始，创新地实行学院与企业双院长实践培养管理制度。学校的每一教学院系从企事业单位中聘请一名有影响力的业务专家或高管人员兼职担任院系院长（主任），兼职院系负责人将全面参与所属院系的专业建设、产教融合、科研与社会服务等活动。其中，我校市场营销专业校企合作基地企业合肥荣事达电子电器集团有限公司董事长潘保春被聘请担任雪岩贸易学院兼职院长。通过此项改革，从组织和制度上进一步落实学校和企业的主体责任，进一步深入推进校企融合、产学结合。

2.从单纯的技能培养目标转变为职业整体素养培养目标

通过我们对毕业学生连续10多年的跟踪调查研究发现：虽然高职院校一直在强调提高学生的专业知识和技能培养，然而现实是很多企业对高职院校毕业生的专业知识和技能水平其实关注度不高，究其原因关键在于院校的专业知识技能培养不足，即使有一定的知

识和技能也往往落后于现实企业的需求，这就造成企业招聘到企业的学生依然需要进行一定的岗位培训和实习才能上岗。

针对这一情况，我们在与企业进行合作培养的时候，将培养的重点放在提升学生的职业整体素养上。

3. 从职业认知、专业知识和技能、企业岗位素养三个方面实施沉浸式现代学徒制培养方案

在培养方式上，我们采用“沉浸式现代学徒制”培养方法，在学校的学习过程中和企业实践中，我们着重让学生从自身意识上不断弱化学生的身份，强化企业员工（学徒）身份，让学生真正沉浸在岗位之中，沉浸于企业员工（学徒）角色中。在培养内容上，我们站在企业用人的角度上，健全个人思想和行为理念的培养、企业具体岗位的管理制度的学习和遵守等。

（1）沉浸式职业认知培养。

很多学生进入高职院校选择专业的时候只是从专业名称的表面字义去理解专业的性质，因此，我们在学生进入学校伊始，首先，通过开展专业教育宣讲会、讨论会、答疑会让学生对专业有一个正确和清晰的认识。其次，我们不但要培养具有专业技能的学生，更重要的是培养具有正确职业道德和现代工匠精神的社会有用人才。院校发扬徽商文化教育的优势，坚持以新徽商精神和现代工匠精神大力通过多种形式提升学生的人文素质。2018年院校被教育部职业院校文化素质教育指导委员会确定为AH省第一家“非遗教育传承示范基地”。最后，结合就业指导课程，通过设置营销专业职业规划教师、开展优秀校友定期讲座、开展职业规划大赛等形式，帮助学生制定自己的职业规划。

（2）沉浸式专业知识和技能培养。

在专业知识培养方面，我们基于分行业岗位的胜任能力分析重新完善营销专业课程体系，从学生的职业发展角度出发，探索学生职业成长不同阶段所需的知识和技能，开发设计相关课程。

优化“课程多样化”与“行业班级教学制度”并行的课程教学方式。“课程多样化”是指加大具有行业特征的课程内容，“行业班级教学制度”是指打破原有班级限制，允许学生根据自身发展需求重新组成行业营销技能班级，实行分行业差异化教学。为此，我们与合作基地企业共建开设了汽车营销与服务方向班级、茶叶营销方向班级、电子技术产品方向班级。

在校内实训方面，我们以全真模拟为特点进行校内实训室建设，让学生在学校期间就能身临其境地感受到未来的真实工作场景，如我们按照标准的4S店形式建设汽车营销与服务专业实训室群、茶艺与茶叶销售校园店等。

在校外企业实习方面，我们按照企业正式员工（学徒）为标准安排学生进入相关实习基地企业进行顶岗实习，要求学生按照企业的生产规律、企业制度进行真实的技能培训和

岗位工作，管理和考核按照企业的培训和工作激励制度进行。

（3）沉浸式企业岗位素养培养。

学生参与企业实习往往只是把实习企业看作是学校安排的实践锻炼场所，很少认为是将来工作和服务的企业，对企业缺乏认知，更不要说忠诚度，这就造成毕业后大量学生不会留在实习企业成为企业的员工。因此，我们在开展沉浸式现代学徒制实践教育基地建设时候，十分注重培养学生对未来工作服务企业的忠诚度，从大一开始，不间断地将实习基地企业的企业文化、企业发展历程和愿景通过专题讲座、采用案例形式植入教材、企业现场参观，专业实习等形式在潜移默化之中深入学生的脑海中。

在企业实习阶段，分为两个阶段，第一阶段主要是让学生到实习企业与本专业相关的各个岗位进行轮岗学习。学生通过第一阶段的轮岗实习，可以比较清楚地了解了各相关岗位的主要职责与任务。第二阶段，由企业组织，学校协助，严格按照企业各岗位招聘的素质要求，采用现场招聘，以双向选择的原则确定学生第二阶段实习的岗位，企业根据岗位的工作内容，师傅负责学生在企业顶岗时期内的职业素养和职业技能的培养。学生在实习期间需要严格按照企业要求完成每日工作岗位的工作任务、作业流程，包括按时上下班打卡、统一着装、完成上级安排的工作任务，由学习企业的指导师傅进行综合评价和考核。

在“现代学徒制”的人才培养模式的研究和实践探索的大背景环境下，AH 财贸职业学院总结多年来实践教学的经验，依托众多优质的实习基地企业，创新性探索实践沉浸式现代学徒制实践教育改革，最大限度地发挥了企业、学校双主体优势，推动职业教育开展深层次校企合作，取得了一系列教研成果，培养的学生综合素质得到明显提高。但是，目前还有大量的实践问题需要进一步的完善和改进。例如，如何做到教学资源与生产资源相互融合、学校氛围与企业文化相互渗透和影响，如何在实习过程中保障学生的合法权益、如何解决专项经费补偿机制以及对企业师傅在任职资格、职责范围、薪酬待遇等方面的政策支持，如何协调学校和企业对学生的双重管理存在的矛盾和冲突。

第六章　基于现代学徒制市场营销专业实践教学的管理体系

第一节　现代学徒制市场营销专业实践教学的内容管理

现代学徒制是校企合作的重要形式，也是职业教育人才培养的重要举措。构建行之有效的现代学徒制运行机制是一个复杂的系统工程，需要政府、职业院校、行业企业、学生、社会等多方协同努力才能实现。早在20世纪20年代，黄炎培先生就提出："只从职业学校做功夫，不能发达职业教育；只从教育界做功夫，不能发达职业教育。"因此，"办职业学校的，须同时和一切教育界、职业界努力的沟通和联络"。世界著名职业教育专家福斯特教授也在20世纪60年代提出："学校固有的且有自身难以克服的缺陷，决定了学校本位的职业教育最终难以避免失败的命运。"英国著名教育经济学家布劳格也认为："学校形态的职业教育毫无意义。"我国近几十年职业教育实践活动也充分证明，单纯以职业院校自身力量难以培养出行业企业需要的技术技能型人才，有效实施校企合作才能促进职业教育培养目标的实现，其中现代学徒制是职业院校培养行业企业需要的技术技能型人才的重要途径。

在现代学徒制运行过程中，学校和企业是最核心的关键要素。其中，企业承担了较大的育人成本和责任，是职业标准制定、课程建设、实践教学组织和师资建设的核心要素，需参与人才培养的各个环节。较之传统学徒制，现代学徒制有着以下鲜明的特征：教育主体不仅包括职业院校教师，也包括企业师傅，教师与师傅双方结合实现双师育人；教育客体既是职业院校学生，又是企业员工，通过学生、学徒双重身份的学习与实践活动达成知识、情感、能力的均衡提升；教育客体在校园、企业双重环境中的学习与实践可以尽快适应未来的工作环境。

构建现代学徒制运行机制要从专业设置、课程建设、教学组织和师资队伍建设等内涵要素的提升上入手，系统规划每个要素的建设原则、内容、主题和过程。

首先，专业设置应与区域经济发展，特别是行业企业需求对接。通过专业内涵与职业岗位需求分析，提出现代学徒制专业设置的路径与策略。职业教育的专业是一个或几个职业岗位群的集合，企业职业岗位的需求是职业院校专业设置的依据。通过市场人才需求与企业岗位需求的调研与分析，职业院校与企业共同研究设置招生专业。同时，由于人才培养的滞后性，专业设置应具有长远性和前瞻性，并根据市场与企业职业岗位变化进行动态调整。

其次，按照课程设置与职业标准对接原则，学校教师、企业师傅、课程专家共同进行现代学徒制的课程建设，且三方人数比例为 1：2：1。课程体系可分为公共课程模块、专业技术课程模块和职业岗位方向课程模块。公共课程模块代表了该专业需要的基本文化知识，是培养学生职业精神的重要内容；专业技术课程模块代表了该专业应具备的通用的专业基础课程，是未来职业发展必需的专业基础课程；职业岗位方向课程模块代表了一个职业岗位需要的知识和技能，是学生毕业后能直接胜任职业岗位工作的关键。

再次，构建和工作过程对接的教学过程。以未来职业工作过程指导现代教学过程，实行教学的柔性化管理和弹性学制，创建现代教学组织形式，创新开放式的教学标准、教学计划和教学内容。运用建构主义等学习理论和信息化教学手段，变革教学过程，实施渗透式教学，培养学生创新意识与能力，将知识的传递、能力的提升、情感的培养融为一体。

最后，建设一支由专业带头人、学校骨干教师和企业师傅组成的专业教学团队，构建教师、师傅双主体育人运行机制，促进教育客体的有效成长，满足社会经济与行业企业对于技术技能型人才的需求，为“中国制造 2025”目标的实现提供人力支撑。

第二节　现代学徒制市场营销专业实践教学的运行管理

一、构建体现岗位要求的标准化培养方案

人才培养方案是实施现代学徒制教学及管理的主要依据，应根据相关岗位职业能力要求及技术技能人才的成长规律，按照双主体育人的原则共同编制完成。

（一）将岗位标准引入人才培养方案

现代学徒制人才培养方案的最大特色在于引入专业“岗位标准”，即学徒训练标准。开发统一的学徒训练标准是实施好现代学徒制的重要基础，作为一种人才培养制度，现代学徒制应推进职业岗位标准、教学标准、评价标准等标准化建设。德国由国家层面发布的《职业培训条例》，作为职业教育参与各方广泛认可的职业培训标准，明确规定了职业培训的目标、培训的框架计划、考核要求，以及学徒完成培训后可任职的岗位。岗位标准的形式可借鉴英国学徒标准的要求，做成“简短易懂的文件，描述掌握具体职业以及在职业中自信操作所需技能、知识和能力水平”。

根据现代学徒制的教学特点，适合实行学分制和弹性学制管理，根据专业特点和企业需求，工学交替，分段育人。例如，德国的“学徒期”通常规定为两年到三年半，学徒在企业参加实践培训的时间约占总学习时间的60%。根据我国当前的职业教育学制，中职和高职一般均可按3年安排，中职阶段学制可缩短1学期或延长1学期，高职段学制可缩短1学年或延长2学年。在一定条件下，企业实践课程与学校理论课程学分可以相互置换。

2017年9月，人力资源社会保障部公布了140项国家职业资格目录，明确了国家职业资格范围、实施机构和设定依据，初步形成了我国职业资格目录框架。长远来看，现代学徒制的培养标准应与相关国家职业技能标准相衔接，除特殊专业外，应规定需取得相应的职业资格证书。国际上的范例有，英国的现代学徒制学员必须获得2~4级国家职业资格（NVQ），德国双元制学徒也需要通过行业学会组织的职业资格考试才可毕业。一般来说，人才培养方案可按图6-1所示的样本编制。

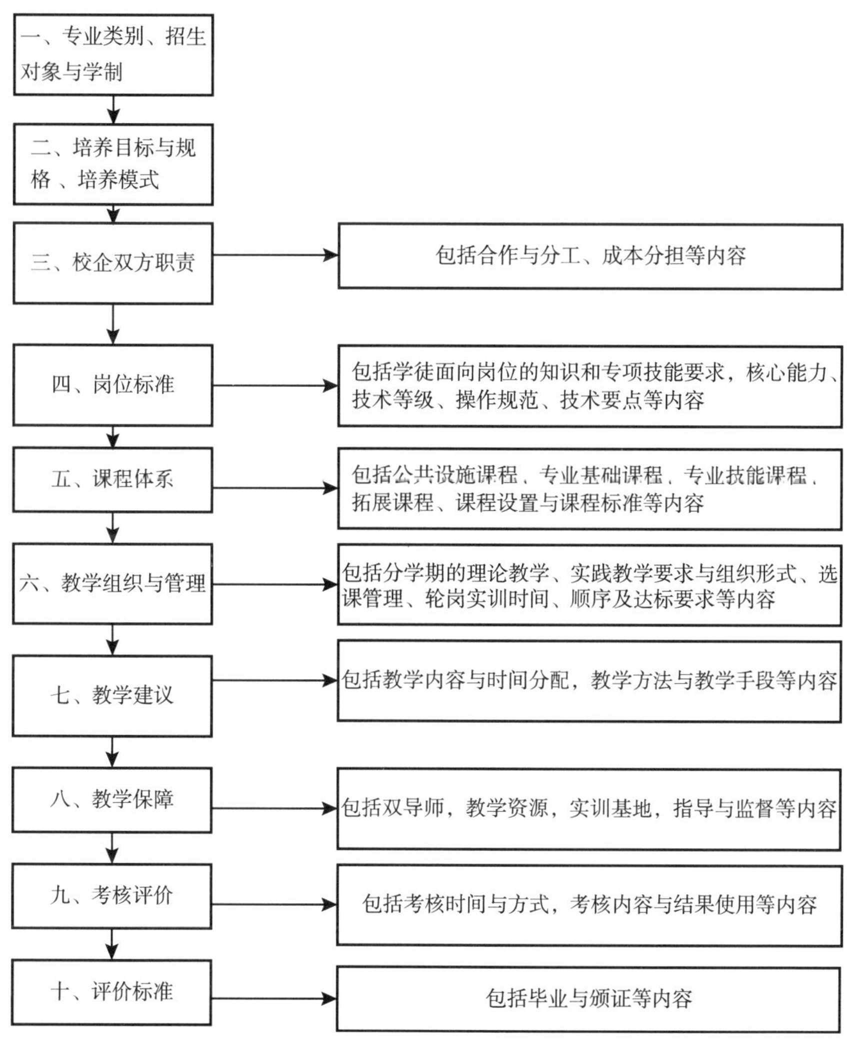

图6-1　人才培养方案构架图

（二）课程体系满足企业岗位需求和个人发展需要

人才培养方案不能仅着眼于企业岗位现实需求，仅仅规定单一的专业技能，还需要考虑学徒个人发展的需求。美国斯坦福大学 Scott Rozelle 教授研究指出，“职业教育的职责并不是为特定的工作培养稳定的技术工人，而是要让学生在充满变数的未来能获得成功，‘学会学习’要比学习单一的技巧、然后去从事一份不久后就有可能会消失的职业重要得多。”

从国际上的经验来看，德国双轨制职教体系安排了近 80% 的时间用来学习数学、科学、语言等综合性基础知识，所教授技能的范围较宽，在各企业间具有可转移性。英国学徒制也要求开发可转移的技能培养学徒“在一种职业中的全部能力”。因此，现代学徒制课程体系要对学习内容整体重构，系统规划学生整个学习过程，课程目标要适合学徒在两种学习环境下学习形式的变化。要关注学徒岗位迁移后的个性成长，不仅要培养学生具体工作的能力，满足学徒企业定向岗位的需要，而且要培养学生社会能力、方法能力、专业能力和核心能力等职业生涯的发展能力，满足学生终身学习需要。

现代学徒制课程体系一般应包括公共基础课程、专业基础课程、专业技能课程和拓展课程 4 个模块。公共基础课程包括德育、语文、数学、外语、体育与健康等国家规定的课程；专业基础课程是专业必需的通用技术基础课程；专业技能课程包含职业岗位所需要的技能训练项目或案例；拓展课程充分考虑学徒的个人发展需求，多样化设置，供学徒根据自身职业发展规划进行选择。

（三）校企共同建设基于工作内容的专业课程

德国双元制实施过程中，学校课程与企业培训在每个职业领域中都有明确的对应关系。应针对试点专业，从职业工作岗位任务分析入手，基于技术技能人才成长规律，参照行业标准，开发双向互动的基于工作过程的专业课程和教学内容。专业课程应以学徒制岗位所需的知识和技能为载体，设计单项技能训练项目和综合能力训练项目或案例，以企业实例引出教学内容。课程内容既要符合合作企业所需的岗位技能，也要整个行业通用的专业理论知识和基本技术技能。在课程内容与序化结构上，强调学校课程与企业课程、学校教学与企业实训之间的良好关联性，对课程实施逻辑顺序与组织实施有更高的要求。

二、采用双场所工学交替的教学模式

现代学徒制教学应当遵循职业教育教学规律与职业领域工作规律相一致的原则，校企共同制定专业教学方案，根据培养目标要求和校企双方的资源配置情况，将四部分教学内容整体规划，按序实施。

（一）双场所工学交替递进教学

根据培养方案，现代学徒制学生的知识学习与技能训练由学校和企业分担，学习场所也在学校和企业间交替，应合理安排双场所教学内容和任务，配置校企双导师双向流动授

课，按照工学交替的方式安排教学过程，最大限度地激发学生学习的主动性、创造性。

公共基础课程一般安排在第一学期，以学校专职教师教授为主，有效保证文化课的学习时间，学生可定期到企业认知实习，以增强对专业和企业的感性认识和融入感。专业基础课程是让学生系统地掌握专业基本理论和专业基本技能，主要安排在第二至第三学期实施。基本技能以单项技能训练为主，强调技能基础，由学校教师和企业师傅共同完成，最好采用理实一体化教学方式，在符合理实一体教学标准的实训场地进行。专业技能课程包括专业基础技能、专业综合技能和顶岗技能 3 个层次的内容，充分体现生产实践和工学结合的特点，由实践能力强的企业师傅进行教学，采取学校和企业交替学习方式，确保专业理论知识与岗位工作技术技能的有机衔接。拓展课程则根据课程特点由学校教师或企业师傅分别完成教学。

现代学徒制教学组织形式包括集中讲授、企业培训、项目教学和岗位轮训等，可以在不同的教学实施阶段，根据课程类型，灵活采用。将教学与生产、学习与实践有机结合，让学生真正参与企业生产过程，并在真实的工作情境中获得工作过程知识，通过“学习—实践—再学习”的循环递进过程，逐步提升学生的岗位工作能力。

（二）专业技能教学实行岗位群轮训和岗位达标制度

专业技能教学包括实验实训、项目设计等内容，是现代学徒制教学特色的具体体现，最好实行岗位群轮训和岗位达标制度。企业将需要学徒掌握的多个岗位进行合理搭配，适当安排，按一定的顺序进行轮训，以师傅带学徒的方式进行教学，使学徒熟练掌握每个轮训岗位所需的技能。每个岗位按照布置任务、策划、实施、检验、反馈、评价等完整的教学环节进行限定时间的训练，训练结束后进行考核。根据每个轮训岗位的实训考核标准，制定完整清晰的教学标准、指导书、教学计划和技能训练教材，合理设计各种评价表格，从学徒在岗位轮训期间理论知识和专业技能掌握程度、学习态度、实训表现、岗位工作任务完成情况和职业素养等方面，制定岗位技能考核指标和评分细则，对轮训岗位群进行技能达标考核。岗位考核合格后，进入下一个实训岗位，直至完成本专业所有岗位的实训。

第三节　现代学徒制市场营销专业实践教学的质量管理

现代学徒制不只是提升职业教育质量的一种手段，它更是服务经济和产业发展，破解企业招工难等方面问题的重要保障，而这也是职业教育的价值所在。现代学徒制被认为是从学校到工作最佳的过渡模式，是最符合职业教育教学规律的一种育人模式。因为它在学校教育和就业之间建立了两个过渡带（从学校到学徒制，再从学徒制到就业）。而其他人才培养模式，无论课程设置与组织如何体现职业岗位工作过程，无论教学设备与教学环境如何先进仿真，无论师资队伍中双师型教师再多，企业经验再丰富，都与企业真实岗位工作有一定距离，都无法实现人才培养与就业岗位的“零对接”。唯有按照情景主义学习理论，实施“将来在哪里做，现在就在哪里学”的人才培养模式，才能真正培养出企业需要的人才。“现代学徒制培养模式”下的高等职业市场营销人才培养质量评价体系的构建，应体现其“质量控制”指标内涵的要求，具备“内涵式发展”特征。

一、高等职业市场营销人才培养质量评价现状与问题分析

（一）人才培养质量评价主体单一

目前的高等职业市场营销专业人才培养质量的评价主体主要来自院校内部，缺少院校以外的团体和企业对人才培养质量的评价，导致了质量评价的封闭性。现代学徒制市场营销专业人才培养质量评价主体应该包括与职业教育相关的所有个体、组织、社会和国家，具体来说主要包括学生、教师、家庭、学校、企业和政府。虽然社会力量已逐步参与到质量评价中来，但始终处于从属地位，按市场需求去提高人才培养质量的压力不大，动力不足，评价往往以政府的评估要求为准，政府始终把握着质量评价的绝对影响力，这不利于质量评价效果的最大化。而社会参与程度提高主要体现在评价主体是否多元与学校外部人员、社会机构及用人单位对培养质量的评价所占的权重两个方面。作为现代学徒制的人才培养质量评价，应该更加重视吸收用人单位和社会各方面专家的参与。

（二）人才培养质量评价的方式方法不尽合理

在对教学质量评价上，大多数院校采用的是传统的评价办法，即督导听课、师生座谈会、开展问卷调查、学生评教、同行评价和日常教学规范评价等。对学生学习质量和实践技能的评价是由学校教师进行单一评价，没有听取用人单位和第三方的评价意见，使评价结果缺乏公信力。评价过程中缺少评价主体的有效互动，缺乏创新意识与推动机制，评价侧重定性，忽视定量评价。

（三）人才培养质量评价机制不够完善

现代学徒制在我国目前处于试点阶段，人才培养质量评价方面的机制尚未建立。现有高等职业人才培养质量评价的评价机制，主要涉及评价原则、评价目标问题，几乎没有专门的关于评价工作的规章制度。真正的评价工作还没有完全开展起来，人才培养目标、培养模式及相应的教学管理制度未与变化的现实相适应。因此，需要进一步探索和完善教学质量保障体系，建立与之相对应的教学质量保障机制。

（四）人才培养质量评价的内涵不能充分体现评价的目的

人才培养质量评价的内涵非常丰富，但在实际操作过程中，高等职业院校对人才培养质量评价的内涵体现不够。

（1）对学生的学习质量评价中的实践技能的评定不够重视或者不够科学，缺乏评价实践技能的有效措施和可操作的办法。

（2）对教师教学质量的评价过分注重课堂教学能力和课堂教学效果，缺乏对教师实践技能的考核要求。

二、现代学徒制市场营销人才培养质量评价体系内涵

（一）起点评价

市场营销专业人才培养理念和目标。高等职业市场营销专业要适时更新培养观念，探讨营销专业人才培养规律，积极创新营销专业人才培养模式，在充分调研的基础上瞄准营销模式创新，完善专业办学条件，大胆进行课程改革并优化课程设计，由行业企业代表以及学校营销专业教师参加的专业指导委员会进行科学评议、论证和审核。根据市场营销专业特点制定人才培养目标和有差别性的教学管理制度和学生管理制度。目标应该包括师资队伍、实训设施、实习基地建设等目标。

（二）过程评价

市场营销专业人才培养过程。目前，高等职业市场营销专业人才培养过程的评价主要是针对课程体系、课堂教学和专业实践来进行评价。人才培养过程的评价是营销专业人才培养过程评价的重点，包括课程体系建设、课程改革、日常教学督导、专业教师互相评课、领导与学生评教以及营销专家评教等。课程体系应该由企业与学校专业教师共同开发和构建。专业实践是营销人才培养评价的关键，包括实践教学比例是否达标，专业能力标准是否明确，专业实践教学是否符合人才培养要求，适时对营销实践教学情况、学生营销技能、毕业实习过程进行评价，并将课程标准、授课计划、成绩评定等纳入评价环节之中。现代学徒制是校企共同制订体现学徒制模式的人才培养方案，按照企业用人需求与岗位资格标准以及工作内容和典型工作过程来设置课程体系和课程内容，构建“公共课程+教学项目+带薪学徒”为主要特征的课程体系。其中教学项目是按照高等职业教育规律和企业需求，在课程专家、企业技术骨干和学校专业教师的共同努力下开发体现“高等性”“职业性”和“教育性”三者有机融合的项目课程。而带薪学徒就是在工作岗位上通过师傅带徒弟的方式实现“做中学”和“学中做”，同时要求带薪学徒的岗位要体现“高等性”，学习过程既要体现“职业性”，也要体现“教育性”。在此基础上制定岗位标准、师傅标准、课程标准、教学质量评价标准及考核办法，并将学生工作业绩和师傅评价纳入学生学业评价标准。

（三）结果评价

市场营销专业人才培养效果。现代学徒制市场营销人才培养效果如何，应以用人企业评价为主，学校评价为辅。作为现代学徒制的实施者，学校方面要与用人单位紧密配合，

认真听取用人单位的意见，积极开展毕业生跟踪调查，与毕业生保持紧密联系，可委托第三方机构，如“麦可思”进行营销专业人才培养效果评价，并依次与学校其他专业或其他高等职业院校市场营销专业人才培养效果进行比较，从而得出比较中肯的结论。

三、实践教学质量评价案例

实例以市场营销专业现代学徒制为依据，构建现代学徒制下的教学质量实践评价体系，为现代学徒制的试点工作提供有益的参考。

（一）高等职业院校市场营销专业实践教学评价现状

1. 评价主体单一

在近三年的问卷调查和学生访谈中，我们发现，校内指导教师的评价占据主导。学生自己寻找实习单位，企业在实习结束时盖章给出考核评语，这类评语多数为正面、笼统的评语。教师根据企业师傅给出的评语以及实习完成的认真程度和完整程度评定考核等级，大多数高职院校没有给出明确、合理的评价指标供教师进行参考和打分，最终导致顶岗实习的考评分数未能发挥应有的作用。此外，顶岗实习和暑期实践的考核缺乏学生的主动参与，学生仅仅将其作为一项无关紧要的作业去完成，而不是作为提升能力的途径。他们对实习质量的真实而直接的感受无法通过正确的途径反馈到学校，因而缺乏学生的自我反思和自我教育环节，也就无法获得更大的提升空间。由此可见，实习质量考核评价应该由学校、企业和学生三方共同评定，形成多元化的主体，各主体间要进行充分的沟通和交流。

2. 评价方法不合理、不科学

现今大多数高职院校采用以教师为主导的考核评价方法，也就是在学生的实习阶段，学校会提前发放实习日志，待学生实习结束后，在规定的时间内提交日志、实习总结以及顶岗实习记录表。然后，学校指导教师根据以往的教学经验和对学生的过往整体印象综合评定，并完成实习成绩的打分工作。这种方法缺乏对学生实习态度、业务能力、实习心理、职业素养全方位的考量，没有与企业人员进行有效的沟通和交流，仅从感性的角度进行量化打分，违背了高等职业教育的质量观和人才观，缺乏科学性和全面性。

3. 评价内容不完整、不动态顶岗实习

作为一个动态过程，动态的监控和管理对保证评价的科学性有很重要的作用。而单一的终结性评价无法及时反馈实习情况，极大地制约了学生操作能力和动手能力的发展。通过对 AH 邮电职业技术通信市场营销专业的调研发现，整个专业的顶岗实习成绩评价方法为一次性评价和打分，缺乏过程性评价，评价不符合实际，因而必须加入教师评价和对学生的过程性考核。

（二）现代学徒制实践教学评价体系的内涵

1. 以专业培养目标为依据，以专业岗位需求为内容

高等职业院校市场营销专业要在充分调研的基础上进行营销模式创新，适时更新人才

培养观念，把握人才培养规律，不断创新人才培养模式，由行业企业代表和学校专任教师共同组建的专业指导委员会进行科学评议和审核，大胆进行课程改革并优化课程设计。以AH邮电职业技术学院通信市场营销专业为例，培养目标为“面向通信行业、金融机构及其他服务类企业，以服务企业为宗旨，以就业为导向、以工学结合、校企合作为途径，严格按照本专业职业岗位群的职业能力标准，培养德智体全面发展、身心健康、沟通能力强、具有良好职业道德和过硬职业技能的应用型人才”。从事的岗位主要是通信运营企业、通信服务企业、通信设备制造企业及其他通信服务类企业的前台服务与营销人员、市场销售与渠道维护人员、电话客服与营销人员，因此，评价体系构建应以前端销售岗位、后端服务岗位为基础，为毕业生提供合适的就业岗位。

2.评价主体多元化评价主体

首先应该是企业人员，他们应该占有较高的权重，因为他们对自己带出的学徒最有评价和发言的权利。当然，只有企业人员也是不合适的，学校派出的专任指导教师也应是评价的重要主体。此外，用人单位、认证机构等第三方的评价也是客观评价现代学徒制教学效果中不可或缺的方面。综合而言，评价主体包括师傅评价、校内专任指导教师评价、社会用人单位评价、学生自评互评、系部评价、认证机构评价和家长评价。

3.侧重过程评价，以岗位评价为主，其他评价为辅

目前，高等职业院校人才培养过程的评价主要针对课程体系、课程教学和专业实践进行评价。整个专业能力标准应侧重实践能力目标的设计和构建，整个专业的课程体系中所有课程的实践比例不能低于65%，主要核心专业课程中实践课时的比例也不能低于60%。同时，在专业课程的项目设计、模块设计和单元设计中要符合企业对人才培养的要求，不能一张试卷定乾坤，而应采取过程化和任务化的考核形式。现代学徒制的提出能够更好地构建以“公共基础课程＋专业基础课程＋专业核心课程＋顶岗实习（带薪学徒）”为主要特征的课程体系。我们按照企业用人需求与职业资格标准设定人才培养目标，依据岗位标准和工作内容设置课程体系，依据典型工作过程设置专业课程内容。其中，带薪学徒就是通过师傅带徒弟的方式在工作岗位上实现“学中做”和“做中学”。现代学徒制将岗位技能传授和知识技能教学合二为一，其中，在岗位基础上建立的师徒关系更加方便岗位技能的传授，使学生工作业绩的评判更为科学和真实。由此，多项单个岗位技能的评价最终构成实践教学评价最基础的数据。

4.结果评价要以用人企业的评价为主，评价结果要有利于反馈和激励

学校要明确人才培养以企业的评价结果为主。学校作为现代学徒制的实施和操作者，就必须与企业用人单位保持紧密的联系，组织专业建设指导委员会，认真听取他们的意见和建议，不定期开展听课交流讲座等活动获取他们对人才培养的建议；同时还需要对毕业生进行跟踪调查反馈，利用周年庆等活动加强与毕业生的联系，让优秀毕业生提供支持和好的方法；还可以与其他高职院校的市场营销专业进行交流和互评，从而得出更为中肯的

结论。为了不断得到教学评价的反馈，改善教学效果，教学评价体系中的反馈渠道和激励方法必须更加顺畅，学校还应设立相应的收集、分析整理和汇总相关信息的部门，及时总结、整改，修订各类措施，这样教学质量和教学评价的方式方法才能更加完善。

（三）现代学徒制取得的成果

AH 邮电职业技术学院稳步推进学徒制教学质量评价体系构建工作，积极响应 AH 省现代学徒制试点工作方案的实施建议，取得了一定的成果，主要体现在以下三个方面：

（1）有力促进了学校与通信企业的合作关系，成立了电子商务匠师工作室，聘请企业的技术能手和校内骨干教师共同担任优秀专业学生的师傅，合作完成企业交付的工作任务。在任务完成的过程中，学校与企业技师之间的交流更加密切、透彻，双方都积极主动地培养学生的实践技术技能，实现了双赢。

（2）匠师工作室学生成绩突出，目前参加了 AH 省电子商务大赛、昆山花桥杯大赛、“互联网 +”大赛，均取得了非常不错的成绩，获得了学校和企业的一致好评，学生的职业能力得到了很大的提升。

（3）社会评价效果较好。目前在通信行业实习的学生，尤其是从匠师工作室走出的毕业生入职后的适应能力很强，很受企业欢迎；其职业发展通道顺畅，晋升速度比普通学生要快很多，岗位技能鉴定考核的通过率高。

第七章　基于现代学徒制市场营销专业实践教学的保障体系

第一节　现代学徒制市场营销专业实践教学保障体系的建立

一、制度机制保障

（一）现代学徒制校企协同育人机制的概述

1. 机制的含义、作用和分类

（1）机制的含义。

在《辞海》中，“机制”是指事物的一种运行方式和运行模式，它体现的是事物各组成部分之间的相互关系以及变化的联系，是事物各部分之间的一种协调关系，将事物的各部分联系起来，使协调运行并发挥一定的作用。而论文研究的现代学徒制校企协同育人机制体现的是一种由政府主导、相关行业组织指导、校企协同育人积极合作以及学生（学徒）积极参与的一种运行机制或运行模式，在现代学徒制校企协同育人机制运行过程中，各主体之间发挥应有的作用，推动现代学徒制校企协同育人机制有序地运行。

（2）机制的作用。

在任何事物各个组成部分的运行和发展过程中，机制都起着一定的激励、管理、约束、引导与保障作用，有激励作用、监督作用、管理与约束作用、评价以及保障作用等。而论文研究的国家政府对现代学徒制校企协同育人机制运行提供政策支持和资金扶助，它就具有激励作用，给予政策和资金上的支持和鼓励；相关行业组织对现代学徒制校企协同育人机制的运行进行指导与监管，它就具有监督作用；企业和学校制定相关法律法规制度来保障现代学徒制校企协同育人机制的运行，它就具有一定的管理和约束作用；对教师进行定期的培训考核与评价，它就具有评价作用；对学生（学徒）双重身份地位和利益的明确和保障，它就具有特定的保障作用。

（3）机制的分类。

从宏观上对机制进行划分，可以分为两大类，即内在和外在两种动力机制。而从微观上对机制进行划分，又可分为激励机制、保障机制、约束和管理机制以及评价机制等。论文研究的现代学徒制校企协同育人机制，它是内在与外在两种动力机制相结合。

内在动力机制包含来自企业与学校的双方育人积极合作的协同机制、院校师资队伍和考核体系的评价机制以及学生双重身份地位和利益的保障机制。外在动力机制有来自政府政策支持与资金投入的激励机制以及相关行业市场指导与监管的监督机制，即由国家政府主导、相关行业指导、学校与企业协同育人积极合作以及学生积极参与的一种运行模式或机制。

2.校企协同育人的作用

近年来，随着社会的进步、市场经济的发展和科技水平的提高，企业相关工作岗位对劳动者的人才需求带来很大变化，越来越需要高素质高技能人才。而人才的培养又需要靠教育来传授知识和技能，在人力资本形成和发展过程中，教育又起着关键作用。人力资本具有知识、技能和能力，它是通过对劳动者进行教育、培训等投资来获取一定的技术、知识与能力。它能够改善人的劳动技术能力，并最终获得一定报酬的，凝聚在劳动者身上的知识和技能。

市场经济的发展主要是依靠人力资本投资，即劳动者的质量和技能，而劳动者质量和技能的培养又是依靠教育、知识和技能的传授。因此，在校企协同育人机制运行过程中，它的作用就是通过学校与企业协同育人积极合作，共同参与课程的设置、制订教学方案、教学内容、教学计划以及完善考核评价体系等，为学生（学徒）传授理论知识和实践技能，共同为社会市场经济发展和企业工作岗位人才需求培养出高质量高技能型人才，也为学生今后走上社会参加工作奠定理论基础与实践技能。

3.现代学徒制的制度安排

工作本位学习在职业院校教育教学和企业实践工作过程中起着非常重要的作用。通过学生对新工作环境的适应、观察、学习等流程来帮助学员快速获得需要的知识、技术和能力，体现的是一种学生（学徒）在校学习和在企业参加实习工作的一种学习方式。而现代学徒制体现的制度安排就是学生（学徒）在校学习一定的基础理论知识，在企业通过实习获得一定的实践技能，充分体现了学生工作本位学习理论，将学生（学徒）在校本位学习与企业实践工作相结合，将所学理论知识和实践技能相结合，并让学生把学到的技术和经验应用到社会实践工作中去。

这种现代学徒制的制度安排，使学生能够根据自身学习情况和学校课程时间的安排，定期到企业参加一定的专业技能培训，使学生真正学到有用的知识与技能，并将所学内容成功运用到社会实践中去，提高学生自身各方面的发展与进步。

4. 现代学徒制对校企协同育人的影响

成本收益分析理论在面向市场经济发展投资方案方面，比较适合用来评估方案在提高生产力和收入方面的能力，尤其是在教育投资和培训投资评估方面。在现代学徒制校企协同育人机制的运行过程中，学校和企业共同合作。企业为学校提供一定的学习设备和培训基地，为学徒培训提供实习设备和培训经费。另外，企业也会定期安排专业的技术技能教师对院校的教师和学生（学徒）进行专业理论知识的学习和技术技能的培训，难免会产生一定的成本和经费。而企业又追求利润最大化，希望在校企合作过程中，从中能够获取一定的利润和收益。成本收益分析理论在现代学徒制校企协同育人机制的运行中起着很重要的作用，影响学校和企业的积极合作性。如果企业在校企合作过程中，没有得到一定的利润，付出很多成本，就会影响其与学校的协同育人积极合作中的主动性与参与性。

（二）校企合作的培养机制

利用校企合作平台，完善校企合作培养机制，是专业实行现代学徒制的首要保障。现代学徒制作为校企深度融合的人才培养模式，需要企业的全程参与。

1. 校企合作的动力机制

政府部门作为校企合作的推动者与协调者，应该从全局的角度去分析校企合作中存在的问题，并作为教育立法的主体之一，在政策保障、统筹规划、资源配置、经费投入和绩效评价等方面制定颁布一系列促进校企合作的政策法规，调动企业参与校企合作的积极性，以此来保障校企合作机制的顺利运行，在校企合作中起到桥梁和纽带作用。

主要包括：

（1）建立校企合作长效机制。

政府要制定相关的法律法规，立足实际，建立科学有效的校企合作运行机制，使校企合作系统化、长效化。

（2）加强政府的监管和指导作用。

监督校企双方政策的履行情况，确保校企合作过程朝着既定目标运行，保障各方的主体地位及利益。

（3）加大政府的激励力度。

安排专项资金进行奖励与扶持，出台财政、税收、信贷等优惠政策措施，激发企业参与校企合作的热情。

（4）建立实习实践安全机制。

贯彻以预防为主、明确责任的方针，明确企业和高校的责任与义务，保障学生的人身和财产安全。

2. 校企合作的驱动机制

校企合作的建立机制以往主要依赖于人际关系维系，合作的深度和广度都不够，为了提升企业参与校企合作的积极性，必须注重构建互惠共赢的驱动机制，从企业的角度出发，就是要使企业成为校企合作的受益者。

主要体现在：

（1）促进企业高技能人才的培养，随着科技的进步，企业需要不断对员工进行技术培训，高校可以利用学校资源对企业员工进行继续教育培训，降低企业的培训成本和劳动成本。

（2）借助高校多学科的科研服务，进行新产品的研发、成果转化以及技术支持等，拓展生产领域，提高整体效益。要拓展校企合作的深度和广度，高校培养人才的质量是关键，而人才培养与企业需求能否实现“无缝对接”，最终要由社会和企业来检验，因此，人才培养是吸引企业参与校企合作的最佳切入点。

高校要正确定位人才培养目标，按照“厚基础、宽口径”的人才培养要求，科学改革课程体系，拓宽专业口径，办出特色，提高质量，缩短学生与企业的磨合期，使校企双方共同围绕工程教育进行深化改革，使工程教育对接“中国制造 2025”和行业产业对现代工程人才的要求，着力培养学生的工程实践能力和创新能力，使人才培养成为校企合作的重要推动力。

3. 校企合作的调控机制

高校与行业企业分属不同的社会组织，其运行的社会规则不同，能否进行长期合作，关键在于双方利益诉求的平衡，为了使合作发挥出最大效益，校企双方应逐步探索建立各种调控机制，建立多样化的沟通渠道，分享各方的利益诉求，及时解决在合作过程中出现的问题。可以成立校企合作管理委员会，定期召开会议，及时掌握校企双方的利益诉求，统一协调校企合作过程中产生的矛盾与冲突；成立专业建设指导委员会，依据企业需求的变化，提出专业设置与调整方案，逐步实现课程设置与市场需求零距离，缩短学生向工程技术岗位转变的时间；成立第三方监督评价机构，加强对校企合作协议执行情况的监督检查，不断推进校企合作可持续发展。

4. 校企合作的保障机制

校企合作的有效开展离不开科学化、制度化的管理，要通过对校企合作各合作方的规范和约束来保障各方的利益。

（1）要制定相应的规章政策明确各方需承担的职责范围，完善政策细则，保障校企合作的有效实施。

（2）要加大投入力度，健全经费保障机制，充分调动全社会的积极性，健全多渠道筹措教育经费的投入机制，基本形成促进校企合作协调发展的经费投入稳定增长机制，同时完善财政、税收、金融和土地等优惠政策，形成有利于校企合作育人的政策合力。

（3）建立第三方质量评价制度，针对校企合作过程的制度化、经费使用情况以及校企合作成果等环节进行专项评价并及时进行反馈，保障校企合作育人活动有效开展。校企合作各合作方要以人才培养为中心，紧密围绕地方经济建设的实际，协调各机制之间的关

系，不断完善、适时调整合作机制，提高各种机制协同创新的效率，实现人才培养质量的不断提升。

（三）专业实践教学体系的设计保障

市场营销专业充分利用企业和校友资源，创建了“营销业务 3 年不断线”的实战训练模式，为商科专业有效开展实践教学提供了一条全新思路。正是基于这样的实践教学体系的设计，才能将专业实践教学作为一门课程，以学分互认的方式与企业岗位实践进行有效对接，这也是以现代学徒制形式开展实践教学的必要保障。

1. 营销专业实践教学体系的总体设计

对市场营销专业人才能力需求进行分析得出，创新人才要培养四个能力层次，即基本技能培养层次、专业技能培养层次、创新能力培养层次和综合素质培养层次。在能力分析的基础上，构建更符合能力培养的“实验强化—实践应用—创新能力培养—综合素质提升”四阶段模型。这一模式将能力培养与教学模块对应，充分考虑理论教学与实践教学的联系与衔接。创新培养模块推动了复合应用能力与创新能力培养。“实验强化—实践应用—创新能力培养—综合素质提升”四阶段具体过程分解如下：

（1）实验强化。

通过实验室里的手工模拟和计算机仿真模拟，培养学生的实践操作技能，使学生初步将学到的理论知识转化为应用能力。

（2）实践应用。

要求学生实地开展实践活动，将其在学校学到的知识和掌握的基本技能应用到实际工作中，进一步增强学生对实务操作的感性认识，使学生能够实现知识、技能向处理实际问题能力的转变。

（3）创新能力培养。

可以让学生参加科研课题、参加学科竞赛等，对不同学生因材施教，促进其个性发展，培养其创新能力。

（4）综合素质提升。

这一阶段，产、学、研全方位结合，将不同的社会问题、实际问题等纳入教学之中，让学生到一线参加实践，开展实地调查、营销策划和模拟实验，激发学生创造性思维，提高其综合素质。

2. 营销专业实践教学体系

应将实践教学体系的各项目与实践教学环节进行有机结合，将培养创新人才的目标贯穿其中，按照以下四个模块有序进行。

（1）校内实践。

校内实践就是要求学生在校内开展实验、实训。在实验教学体系与教学内容的改革方面，以学生的实践能力和创新能力培养为核心，增加综合性、设计型实验和研究创新型实验。改革集体安排课程的方式为学生自主选择安排方式；改革实验课程中形式单一、种类固定的实验项目为内容丰富、多样的实验方式，推行以学生个性需求为主导的教学管理模式。

（2）校外实践。

校外实践是学生到校外公司、企业等实地开展实践活动，使学生对知识的应用有感性认识。在实践活动中，学生会遇到许多实际问题，为此，学生要互相讨论研究，要向教师、前辈请教，通过一次次解决这些实际问题，培养学生理论联系实际的工作作风和勇于创新的精神。

（3）创新培养。

学校在教学计划中规定创新学分必修模块，制订本科生创新学分实施方案，让学生充分发挥自己的创新能力。创新人才培养模块由多个层次、多个部分构成，包括大学生创新性实验计划项目、学科及创新竞赛、科研训练计划项目、学术研究成果、社会实践及技能证书六部分，为学生开辟多种针对性强、实效性强的创新能力培养渠道。

（4）学生毕业论文（设计）。

毕业论文是毕业生总结性的独立作业，是整个教学活动中不可缺少的重要环节。通过毕业论文的设计，学生能够对自己感兴趣的专业问题进行比较深入的分析、研究，有利于培养学生的批判精神和创新思维，激发学生的创新能力，真正实现创新人才的培养目标。

3.市场营销专业实践教学实施措施

根据所构建的教学体系，从校内实践教学、校外实习教学、创新培养教学和毕业论文（设计）四方面提出了市场营销专业实践教学体系实施措施。

（1）校内实验教学实施措施。

校内实验教学实施措施重在创新，有以下三点建议。

1）实验教学理念的创新。树立以学生为本的实验教学理念，将知识传授、能力培养、素质提高贯穿于实验教学全过程。

2）实验教学内容的创新。让创新的实验教学项目带动广大学生得到科学研究与发明创造的训练。

3）管理手段的创新。提高实验教学信息化水平，大力开发虚拟实验课件，加强实验教学优质资源建设，通过信息网络共享实验教学优秀成果。

（2）校外实习教学实施措施。

将集中实习与分散实习相结合。将短期、认知类的实习安排为集中实习，指导教师与学生能够及时交流、沟通，实现学生对专业相关知识的认识和理解。将长期、体验类的实习安排为分散实习，教师在学生实习的过程中进行监督、指导，充分发挥学生的积极主

动性。

（3）创新培养教学实施措施。

学校在教学计划中制订本科生创新学分实施方案。这是一个弹性管理的方案，也是让学生充分发挥自己创新能力的激励。

（4）毕业论文（设计）实施措施。

将因材施教和完全分散性实习相结合。根据学生的不同特点，对于部分有就业意向，条件和能力较强的学生，采用因材施教、完全分散的实习模式，有利于解决部分毕业生的就业问题。

4. 营销专业实践教学保障体系

实践教学内容体系还必须有切实可行的保障措施，教学队伍、教学资源、教学条件是实践教学的支撑保障，同时还应加强教学质量管理，因此，应从教学队伍、教学资源、教学条件、教学质量四个方面着手，构建市场营销专业实践教学保障体系，保证实践教学工作的顺利实施。

（1）营销专业实践教学团队保障措施。

为确保教学质量的不断提高，必须要搞好教师团队的建设。

1）理论研究亟待加强。当前应该在教学团队建设与学科专业队伍建设的关系、教学团队与目前高校管理体制的关系、教学团队建设的政策机制与考核机制等方面进行研究，以提高教学团队的建设水平，推进教学团队建设创新。

2）团队建设模式多样化。打破团队成员的教研室的划分，以课程群组为单位来组织团队成员，教师可以来自不同的教研室，甚至不同的系或学院，在教学及教学改革工作中优势互补，紧密协作，推动教学建设工作的开展。

3）建立绩效评价和激励机制。建立学校评价、学生评价以及团队内部自我评价相结合的制度，为教学团队的可持续发展提供良好的运行机制保障。在激励机制方面，对作出突出贡献的实验教学人员予以物质激励和精神激励，授予荣誉称号，同时要在学校内大力宣传其先进事迹。

（2）营销专业实践教学资料保障措施。

教学资料库主要包括教学基本资料库、课程资料库和学生资料库三方面。

1）教学基本资料库。教学基本资料库是本学科所有教学资料及其表达方式的集合，包括大量知识信息素材，供教师、学生在教学过程中任意组合、调用。

2）课程资料库。课程资料库是为了帮助教师讲授某个教学难点或帮助学生学习某个知识技能点而设计的“小课件”。教师直接调用微教学单元，应用于各自的教学之中。

3）学生资料库。学生资料库主要保存学生作业，优秀作业既可以作为以后学生的范例，同时也为教师提供了新的教学思路，实现了对学生作业价值的充分利用。

（3）营销专业实践教学条件保障措施。

市场营销专业实践教学条件建设包括校内实验室建设和校外实训基地建设两方面。

1）校内实验室建设。以鼓励学生积极参加科研训练实践为目标，以科技竞赛为引导，将实验室建设成开放性创新训练的实践基地。

2）校外实训基地建设。针对大型企业，高校要充分利用校友资源，加强对外联系，建立长期稳定的“产、学、研”基地。针对中小型企业，高校可以根据企业需求，采取提供技术咨询、参与新技术的引进、推荐优秀毕业生等灵活方式，开展合作。

（4）营销专业实践教学质量保障措施。

实践教学质量的高低很大程度上决定着人才培养质量的高低，学校要加强对整个实践教学工作的宏观协调和质量监控。

1）建立学生实验成绩评价与考核体系，学生实验成绩应根据阶段性成绩和综合性成绩结合实验纪律综合评定，并有相应记录。

2）强化实验教学与相关职业资格认证考核的联系，学生取得相关职业资格认证证书，可折合为相应课程的成绩和学分。

3）对实践性教学人员考核评估的主要内容有出勤，工作态度，完成实践教学工作量，实验室建设和管理，实验、实习手段的改进和创新，实验与实习指导教材编写，科研成果等方面。

4）改革实验室管理体制，建立开放型实验室，实现实验室资源共享。

（四）现代学徒制校企协同育人机制的运行模式

现代学徒制校企协同育人机制的运行模式，是一种通过政府平台、行业平台、企业平台和学校平台，由政府主导，行业指导、校企协同育人积极合作，政校行企四位为一体共同参与的运行机制和运行模式。

具体运行情况为由国家政府对其提供政策支持和资金扶助，为职业院校推行校企协同育人机制试点工作提供良好的政策环境。由相关行业组织对其进行市场指导和监管，为校企协同育人积极合作提供市场经济发展和企业岗位人才需求的最新信息，能够使校企双方根据市场经济发展最新信息，对学校和企业的课程设置、教学方案、教学内容和教学计划以及培训方案等做出适当调整。由学校和企业协同育人积极合作共同参与学校专业课程的制定，投入职业院校的教学计划和教学活动过程中来。

企业为学校提供一定的师资资源和实践设备，参与院校教师的考核评价等，由学生（学徒）在校学习基础理论知识，在企业掌握社会实践技能，将理论与实践相结合，充分体现由国家政府主导、行业指导、校企协同育人积极合作及学生（学徒）共同参与的一种办学活动方式或运行机制。

图 7-1 是现代学徒制校企协同育人机制各主体之间的运行模式和共同参与方式。

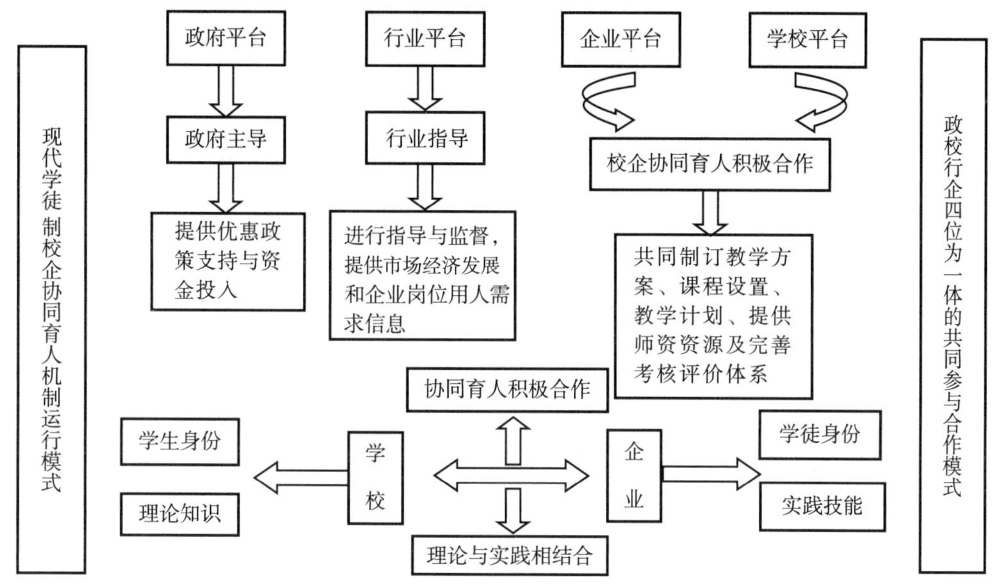

图 7–1 现代学徒制校企协同育人运行机制模式

二、条件保障

（一）加强师资队伍建设

现代学徒制的教学任务必须由学校专职教师和企业兼职教师、师傅共同承担完成。高职院校的专业教师也要经常到合作企业去顶岗锻炼，同时指导学生实践。校企形成合力，将学生培养成为高技能基层营销管理人才。

1. 现代学徒制视域下双师型教师队伍建设的现状

从长期的教学实践与观察中可以了解到，当前现代学徒制视域下双师型师资队伍建设中存在着几个普遍性的问题：

（1）许多教师缺乏发展动力。

虽然国内有许多地方实行了现代学徒制，但是有许多职业学校采用的专业理念和教学思维是传统的教学机制；许多从事职业教育教师对于自身的成就感并不认可，在教学中只是抱着得过且过的态度“混日子”，没有对自身的职业状态进行理性、客观地分析与总结，导致双师型教师队伍无法成型。

（2）“双师型”教师队伍建设出现滞后的情况。

就以某院校的汽车营销专业为例，该专业教师具有年轻化的特点，但其中“双师型”教师数量并不少，但其中有许多教师只是把拥有职业资格证与教师资格证理解为“双师型”教师的标准，这明显与实际的概念是背道而驰的。

从客观的角度来看，校内汽车营销专业的“双师型”教师队伍并未成型，其原因是校内本专业教师多数是高校近些年毕业的学生，这些人在毕业之后就进入职校内参与教学活动，无论是教学经验或者实践水平上都有待提高，而这些年轻教师错误地以为只需要获得职业资格证就具备“双师型”的水平；校方有采取各种措施鼓励这些年轻教师到合作的企业内进行实践培训，但许多教师只是去体验企业生活，而且企业方面也会因为教师特殊的身份与地位，并不会把生产任务交由教师负责，这就导致了许多教师虽然在企业内经过一段时间的实践培训，培训的结果却并没有达到预期的效果。

2.现代学徒制视域下双师型师资队伍建设路径

（1）结合多方力量，共同培养“双师型”教师。

1）学术引领。学校的高层领导以及相关负责人要充分意识到学术的重要性，在深入了解当前师资队伍中的情况后可以通过“学术引领”的方式来强化学术力量的影响力。首先，学校方面要在汽车营销专业中选拔出几位资历深厚，教学水平的高教师作为“双师型”专业的引路者，经常地构建出一个深入探索汽车营销专业相关的学术问题；其次，再邀请教师队伍中那些年轻教师参与。经过这种长时间潜移默化的影响之下，年轻教师也开始主动地参与到专业领域里进行学术研究，全面性提升本专业发展的成效。

2）发挥市场作用。高等职业院校在坚决贯彻习近平总书记提出“重视职业人才培养，加快国家建设脚步”的口号时，还需要发挥出自身教育资源与市场资源的优势，支持营销专业教师深入所在地区的销售行业和经营企业中进行教育培训或者教学活动，为教师们提供更多展现自我价值与能力的平台。同时，校方要采取鼓励的方式让合作的企业为这些参与兼职的教师给予相应的报酬，让这些具有“双师型”素质的教师能够在展现自我价值的同时获得相应的回报。通过以市场带动双师型教师积极性的方式，能够吸引更多的营销专业教师加入双师型师资队伍之中，为打造现代学徒制视域下双师型师资队伍做好充分的准备工作。

（2）构建校企合作师资团队。

1）校企结合。在现代学徒制的人才培育体系下，校方要找到属于自己的“师傅”。就以某校的汽车营销专业师资力量培训来说，在现代学徒制的背景中构建了一个“请师傅进门”的外聘策略，通过这种方式的运用能够有效地解决汽车营销专业育才机制和当前市场用人模式不统一的问题。某校在选择合作对象的时候，通过长时间的选择和多方面的数据对比之后，终于选择了一家市内规模最大、最有影响力的电商公司作为长期合作伙伴企业。在双方确立了合作关系之后就开始按照互补互助的方式，构建了一个集实体功能和线上营销一体化的协同发展模式的教学营销团队，随后再深入市场内进行一段时间的调查与研究之后结合当前国内电子商务发展的趋势，对每一个参与的学生进行有针对性的电商技能培训，要求每个学生都能够开设属于自己的网络销售店铺（微店、淘宝店、京东、拼多多等），由合作企业方面安排专人对学生进行全程无缝指导。在上述流程完成之后，再由校企合作教学团队中的“师傅”们开始设置一些深层次的专业性强的培训活动，为“徒弟”们后续的实战操作做好准备工作。此外，校方在原有师资的基础上引入企业内的专家、学者担任教师，采取互补协作的方式相互提高教学能力和实践操作水平，在最短的时

间内顺利达到教学目标。

除此之外，校内的师资队伍、企业内的师傅、学生三方共同配合参与校园内和企业中的活动，通过这种方式既可以提高校内师资和学生的专业实践能力，而且可以为企业培养出更多专业能力强的多功能营销人才。另外，校方和企业将会以任务的形式，鼓励“师傅”带领“徒弟”共同创业或者自主创业，以培养更多有经验的“双师型”师傅与教师。

2）构建金牌师傅机制，教师参与企业顶岗实训。科学技术的飞速进步也使得汽车销售行业的产业升级速度不断加快，因此，职业学校的汽车营销专业必须时刻保持清醒的状态，这样才能够把握好专业技能“更新”的时机。营销专业教师除了要经常关注市场的动态变化之外，还需要深入与校方合作的企业内进行交流、学习，这样才能够保障自身的知识体系能够和整个行业维持在同一个水平线上的，而这一点也是职业教育教师和普通高校教师最大的区别之一。按照当前由校企联合最新推出的职业学校教师管理机制可以了解到，职业学校教师在完成日常的教学工作之后，还需要到某个企业内进行定期或者长时间的兼职，让教师自身既拥有专业教学水平的同时，还能够意识到自己是一个企业的普通员工。同时，为每一个到企业内兼职的教师设定好上岗的时间长度，在个人待遇方面也要严格按照相关的标准进行管理，让教师能够全身心地投入企业的工作岗位上发挥自身的特长。学校方面在后续的管理工作上，可以按照教师在企业内实践能力的不同，对表现优秀的专业教师给予丰富的奖励，并设置“金牌师傅”机制，以此激励教师的工作责任意识和实战水平。

（3）师资队伍采取多元化建设。

学校在现代学徒制的前景下要实现培养双师型教师的目标，就要从最根本的位置着手，通过职业技能培训、学术研究、构建精品课程一体化机制、编写校本教材等方式来进行。学校方面在每个学年的初始阶段都会组织各个专业的教师参与相关的培训与学习活动，同时，校方的各级部门领导都会以会议的形式对校内所有专业教师进行回访与调研活动，并以匿名的方式了解校内所有教师对于培训项目与内容上的需求。此外，针对教师最感兴趣的培训活动、预计的培训目标等，学校方面都会采取及时跟进的方式来为每个教师提供自我能力提升的机会。在了解教师在专业教学以及实践培训过程中存在的阻力或者问题，学校方面会设置一个独立的小组，以调查研究和公开探讨的方式邀请教师参与其中，一同针对这些阻力或者问题进行客观、全面的分析，再依据教学需要和教师的实际情况给出不同的应对办法。教师在这种高效率、高质量的环境下不仅可以顺利地完成课题研究，还能够把自身的困难与阻力一并解决，可谓是一举多得。

另外，通过校本教材的编写可以帮助专业教师学生排解两个主要问题：首先是因为汽车营销专业本身的知识结构大而且知识体系的更新迅速，导致许多主流的专业教材都不能够满足教师与学生的专业学习需要。而校本教材的设计是以本校师生的实际情况与需求作为核心而展开的，在教学或者学术研究上都有十分重要的价值，更新的速度也更快；其次是在校本教材编写的过程中，教师也能够把自身对于本专业的理解和学术累积进行系统化、科学化的整理，这对于提高自身的教学水平和专业理论水平具有重要的意义。在精品课程的设计上，也是对专业教师的教学能力和教学实践的一种升华。通过职业技能培训、学术研究、精品课程一体化构建、校本教材的编写等方式，能够让教师在教学实践中向着更高层次的方向迈进。

综上所述，伴随着职业教育改革进程的深入，如何在现代学徒制视域下构建出一个职业能力高、专业素质好的双师型师资队伍，就成为当前我国职业教育的一个紧迫任务。首先要结合多方力量，共同培养“双师型”教师，随后再利用产学结合的方式构建校企合作师资团队，只有这样才能够培养出优秀的“双师型”教师。

（二）量身定制培养方案

需要根据专业实际、行业特点和企业需求制订培养标准，针对学生的个体差异量身定制培养计划。例如，农资班的培养目标是培育从事农资营销的新型职业农民，因此，根据农资集团的人才需求，校企共同制订农资营销人才培养标准，开设农资营销类系列课程；麦苗学院的培养目标则是培养门店销售管理人才，因此，根据大一、大二学生的不同特点及成长速度分别制订训练员、计时经理及部门经理的培养计划。

1. 紧贴工作岗位，开发企业课程

“现代学徒制”试点专业人才培养的目标，是让学生重点掌握合作企业所需的专业知识。当然，必要的综合素质能力培养也是必不可少的，如思想道德品质教育、数学知识、计算机能力和外语水平等。基于企业需求，为企业培养中高端人才的目的，“现代学徒制”试点专业人才培养方案的确定，必须考虑为企业输送合格人才，也就是让学生在校完成学徒能力，毕业就能上岗。因此在“现代学徒制”试点专业人才培养方案的制订和实施中，首先要基于企业工作岗位，开发企业课程。

1）企业课程开发，主要是一种针对“现代学徒制”试点专业学生今后的工作岗位，由企业工程师基于企业对专业的需求和拓展，对理论知识、操作要求等资料进行整理和归纳，并与学校专业带头人共同开发的专业课程。课程特点就是内容全部来源于企业生产一线，包括专业知识需要和实际操作流程，针对性较强，案例真实。课程涉及的实操就是实践。

2）企业课程是基于企业生产实际，凝结专业知识、专业技能、生产实际提炼的专业核心课程，是来自需求侧（企业）而不是供给侧（学校）的传统课程，是坚持需求导向的企业课程。企业课程包括课程结构、课程标准以及教材，都是由企业主导开发；企业课程内容全部来源于企业生产一线专业需求和生产实际。开发企业课程，有助于学生在学校就能熟悉和掌握企业生产工艺、生产流程和企业产品，是非常适用于“现代学徒制”试点班教学的。

2. 课程多样化，注重综合能力培养

“现代学徒制”试点专业学生既是引入德国双轨制的实践，同时也是中国传统手工业

传承的重要方法。现代学徒制试点专业教育符合我国现阶段职业教育的情况和方式方法。企业参与现代学徒制试点，对企业后备人才的培养也起到了探索作用。学生成为企业管理干部储备的重要来源，是企业发展的有生力量，所以在现代学徒制人才培养方案的制订和实施中，一定要注重综合能力的培养。综合能力包括学生专业能力、心理素质、管理能力、团队精神、身体素质以及文化知识水平，代表了学生未来发展的空间和能力。如何培养“现代学徒制”学生的综合能力呢？在“现代学徒制”人才培养方案的制订和实施中，必须注重课程的设置和教学方式方法的实施。

在“现代学徒制”试点专业人才培养方案中，可以定制和实施有助于学生综合能力提升的课程，如书法课、瑜伽课、太极拳，桥牌等，开办摄影坊、插花坊、木工坊等学生社团。通过这样的人才培养方案制订和实施，不仅提高了学生学习兴趣，同时拓展了学生能力，提高了学生综合素质。

第二节　现代学徒制市场营销专业实践教学保障体系的应用

一、基于现代学徒制校企协同育人机制运行存在的问题

现代学徒制校企协同育人机制的运行不仅要靠国家政府政策的支持与资金扶助，而且要靠相关行业的指导与监管、企业与学校的协同育人共同合作、学校教师培训和考核评价体系的完善以及学徒双重身份与利益的保障。自现代学徒制校企协同育人运行机制推广以来，在一定程度上取得较好的成效。但在运行的过程中，还存在一些不足和问题：

（一）政府相关政策支持和资金扶持不到位

国家政府的优惠政策和资金投入在现代学徒制校企协同育人机制运行过程中占有非常重要的作用，缺乏政府相关政策的支持与资金扶助，现代学徒制校企协同育人机制的试点工作就很难运行与开展。然而，就目前职业院校的开展情况来看，国家和地方尚未形成实施扶持现代学徒制校企协同育人机制的法律体系与相关政策，缺乏对现代学徒制校企协同育人机制运行的相关政策制定。

另外，国家政府的相关资金投入也没有真正落实到位，在一定程度上削弱企业与学校的合作热情，给一些职业院校推行现代学徒制校企协同育人运行机制带来一定的影响和阻碍，不利现代学徒制校企协同育人机制的顺利运行。

（二）相关行业组织指导和监管力度不够强

在现代学徒制校企协同育人机制实施较好的发达国家中，行业组织发挥着重要的“指

导”作用，它不仅是市场信息的传播者，而且是实施的监管者。它可以快速、及时、准确地把市场经济发展和企业岗位用人需求信息传达给相关职业院校，院校会根据企业工作岗位需求适当地对课程设置、教学计划、教学内容以及培训方案等进行调整，培养出适合市场经济发展和企业用人需求的高质量高技能型人才。但受我国传统教育体制的影响，相关行业组织参与现代学徒制校企协同育人运行机制的指导与监管还不够强，缺乏对其的引导与监督，使学校与企业协同育人与积极合作不能及时获取市场经济发展最新动态和信息。

（三）企业协同育人合作积极主动性不够高

企业在现代学徒制校企协同育人机制试点工作的运行过程中占有很重要的地位，但由于一些企业在与学校的协同育人方面缺乏相关资金支持和利益保障机制，再加上政府的相关政策和资金扶持不到位，就会额外增加企业在学徒培训和实习期间的成本费用，加重企业经济负担，从而使部分企业对人才需求的培养缺乏长远的规划意识，忽视企业赢得的长远利益。企业认为对学徒进行教育与培训会耗费大量的财力、人力和物力，而且部分学徒学成后会离开原工作岗位，会给企业带来一定的利益损失。因此，降低企业与学校的协同育人合作积极性，在一定程度上制约现代学徒制校企协同育人机制的运行。

（四）职业院校教师培训与考核体系不完善

因相关职业院校在推行现代学徒制校企协同育人机制试点工作的过程中，缺乏国家政府的相关政策支持与资金扶助，导致相关职业院校师资队伍短缺，没有更多的资金引进先进师资资源，对教师的培训也是比较缺乏。再加上部分企业与职业院校合作不是很积极，在学生理论知识学习和实践技能培训方面未能达成共识，使学生难以学到有用的专业理论知识与实践技能，现代学徒制校企协同育人机制试点工作的运行成效在一定程度上未能真正体现。

另外，相关职业院校在教师招聘、教师培训和教师考核评价等方面做得还不够到位，使得教师培训制度和考核评价体系不完善，这也对推行现代学徒制校企协同育人机制造成一定的影响。

（五）学生双重身份地位和利益保障不明确

在一些发达国家现代学徒制校企协同育人机制试点工作的推行过程中，学徒的双重身份与利益得到明确的规定和保障。在校为学生身份，在企业为学徒身份，学校与企业协同育人积极合作，在学校传授学生理论知识，在企业教授学徒实践技能，使学生真正学到有用的理论知识和实践技能，学生的双重身份地位和利益得到切实保障。但在我国职业院校推行现代学徒制校企协同育人机制试点工作的过程中，学生的双重身份地位和利益没有得到明确保障。学生在企业实习工作和培训中，身份无法得到明确的认可，就会挫伤学习主动性与参与性，使部分学生不能全身心投入工作中，从而给企业带来一定的经济损失，这也不利现代学徒制校企协同育人机制的良好运行。

二、基于现代学徒制校企协同育人机制运行的解决对策

通过以上对现代学徒制校企协同育人机制的运行状况进行分析，发现运行过程中存在政府相关政策支持和资金扶持不到位、相关行业组织指导和监管力度不够强、企业协同育人合作积极主动性不够高、职业院校教师培训与考核体系不完善、学生双重身份地位和利益保障不明确等问题。根据相关问题设计调查问卷，并对结果进行统计与分析，根据问卷数据建立相关理论模型，对数据结果进行实证检验和分析，总结出影响现代学徒制校企协同育人机制的运行的因素主要有国家政府的政策支持与资金投入、相关行业组织的指导与监管、职业院校师资队伍建设与考核评价体系、校企协同育人积极合作性及学生身份地位和利益保障等。最后，参考和借鉴国外现代学徒制校企协同育人的经验，对现代学徒制校企协同育人机制在运行中存在的问题提出相应的解决对策，具体如下：

（一）加大政府政策支持与资金投入，提高校企参与办学的热情

现代学徒制校企协同育人机制试点工作的推行与开展离不开国家政府相关政策的大力支持与资金扶助。因此，我们在现代学徒制校企协同育人机制试点工作推行的基础上总结经验，不断完善各项法律规章制度和政策，建立完善的法律保障体系。

对学校、企业、学生（学徒）的权利和义务进行明确规定，保障他们自身的地位和利益，为现代学徒制校企协同育人机制的运行提供一定的法律保障。另外，国家政府也要引导相关职业院校、行业协会、企业等组织积极参与推行现代学徒制试点工作中来，充分发挥应有的作用，为其他职业院校积极推行现代学徒制校企协同育人机制提供一定的指导和帮助。同时，国家政府和地方相关部门应出台相应的政策优惠和加大资金投入，将政府政策支持与资金扶助真正落实到位，对一些积极推行现代学徒制校企协同育人机制试点工作的职业院校和企业给予一定的资金补贴和政策优惠，减轻相关职业院校办学的资金压力，也使企业在现代学徒制校企协同育人机制的运行过程中获得一定的经济效益和社会收益，提高校企参与办学协同育人合作的积极热情。

（二）加强行业组织指导与监管，输送市场和企业发展最新信息

现代学徒制校企协同育人机制体现的是一种由政府主导、行业指导、校企协同育人积极合作以及学生（学徒）积极参与的办学机制或运行模式。其中，行业组织对其进行市场指导与监管，可以看出行业在职业教育领域占有非常重要的作用。然而，随着社会的进步与市场经济的快速发展，仅仅依靠职业院校与企业的合作是很难全面掌握市场经济发展信息的。因此，要不断加强行业组织的指导与监管力度。

充分发挥行业在市场经济发展过程中的指导作用，将市场经济发展和企业岗位人才需求的最新动态和信息准确、及时地传达给校企双方，使校企双方根据目前市场经济发展和企业人才需求的状况，对教学方案、课程设置、培养计划、教学内容、培训方案以及考核评价方式作出适当调整，从而为社会和企业培养更多的高质量高技能型人才，为院校和企

业作出应有的贡献，使学校与企业在育人与合作中过程中获得一定的收益，增强学校与企业合作的积极主动性。

（三）增强校企协同育人积极合作性，共同参与实践教学和培训

企业在现代学徒制校企协同育人机制运行过程中占有很重要的地位。但现阶段我国职业院校与企业合作的深度和广度还不够，使得现代学徒制校企协同育人机制的试点和推广工作面临很多困难和问题。因此，企业和学校应根据市场经济发展情况和企业岗位人才需求，共同参与到学校课程设置、教学内容、培训方案、考核方式以及评价体系的制订中来，增强校企协同育人合作的积极主动性，使学校与企业共同参与到院校教育教学和企业实践活动中去。

另外，企业也要给相关职业院校提供一定的资源设备和实习场地，为学生（学徒）提供培训设施和实践设备。企业也要定期安排专业的技术技能教师到院校对教师进行专业理论知识和实践技能的培训，充分保障学生（学徒）学到真正有用的知识和技能，为学生今后走上社会参加工作奠定一定的基础和技能。同时，企业也要对人才的培养进行合理的规划与安排，不能只注重短时期的眼前利益而忽视企业的长期利益。只有这样，企业才能全身心地和学校协同育人共同合作，传授学生基础理论知识和实践技能，为未来社会经济发展和企业岗位人才需求输送更多高技术高质量型人才。

（四）提升院校教师技能培训标准，完善教师教学考核评价体系

在现代学徒制校企协同育人机制运行过程中，相关职业院校缺乏一定的专业教师。因此，在构建现代学徒制校企协同育人机制的过程中，要不断引进先进师资队伍，规范教师的培训制度与考核评价体系。

（1）教育主管部门应当立足我国职业教育的发展现状，对职业院校的技术技能教师认定标准进行重新认定和完善，引导和激励教师不断提升自身专业知识和实践技能，为相关职业院校引进先进的师资队伍奠定良好的基础。

（2）政府、行业协会、职业院校和企业应当加强合作，共同参与职业教育教师培训和考核评价体系，加强对相关专业教师的培训与考核，确保教师教学的专业性和技能型。

（3）相关职业院校对新入职的教师要定期进行专业知识和实践技能的学习和培训，促进教师进行自我学习、不断锻炼和提升自己、为学生传授更多的基础理论知识和社会实践技能。教师也要发挥自身优势，加强对学生理论知识、文化素养、职业道德等方面的培养，提高学生文化知识水平和道德素质，使学生自身得到全面发展。

（五）建立健全学生培训管理制度，保障学生双重身份地位与利益

在现代学徒制校企协同育人机制运行过程中，学生的双重身份地位和利益如果得不到强有力的保障，就会挫伤学习的主动性和参与性，降低学习效率和质量，在一定程度上也会给学校和企业带来利益损失。因此，学校和企业要建立健全学生培训管理制度，保障学

生双重身份地位与利益。对学生的双重身份进行明确规定，既要承认学生在校学习的学生身份，又要承认在企业实习的学徒身份，只有学生的双重身份得到认可和保障，学生在校学习与企业实习过程中，才能安心学习理论知识和实践技能，为企业和学校做出应有的贡献。

另外，企业与学校在现代学徒制协同育人的过程中，要建立健全培训管理制度，不仅要重视学徒实践技能的培训，还要注重对学生职业道德和素质的培养，提高学生思想文化水平，培养学生对企业对工作的忠诚度和责任感，促进学生自身全面发展，为学生今后走上社会工作岗位奠定良好的道德修养和品质，也能使学生快速地融入企业精神和文化中去。同时，在实习工作期间，还要加强对学徒的学习和生活管理，切实保障学生自身利益。

第八章 基于现代学徒制市场营销专业实践教学的评价体系

第一节 现代学徒制市场营销专业实践教学评价体系的基本原则

由于目前高等院校市场营销专业实践教学评价体系存在一些弊端，因此，高等院校有必要重新构建市场营销实践教学评价体系，在构建过程中需要遵守以下几个原则：

一、目标导向性原则

市场营销专业实践教学的目的是培养学生的综合素质，训练学生的基础能力、综合能力以及创新能力，提高学生的谈判能力、应变能力、人际交往能力、合作能力和敏锐的洞察力。

实践教学评价体系构建以广义的评价体系和狭义的评价体系相结合，广义的评价体系是狭义的评价体系的保障，重点还是在狭义的评价体系，从而与实践教学的目标相一致。因此，市场营销专业实践教学评价体系要从实践教学的目标出发，确定相应的评价指标和指标的权重。

二、效益性原则

所谓效益性原则，就是经过实践教学培养的毕业生能顺利走上工作岗位，能对企业或社会产生经济效益、对学校产生社会效益、对自己产生经济效益或社会效益，实现自我价值。效益性原则要求实践教学能够培养学生的综合素质和各种能力，实践教学评价指标也能有效地评价学生的基础能力、综合能力和创新能力。在效益性原则的指导下，实践教学评价指标要获得用人单位的认可、实践指导教师（或学校）的认可和学生本人的认可，在三方都认可的情况下，实践教学的效益性才能体现。

三、定量与定性相结合原则

实践教学评价体系包括评价内容、标准和方法三个方面，单纯地从定性的角度或定量的角度不能客观地、有效地评价实践教学效果。从定性角度出发，确定实践教学评价指标和评价方法；从定量角度出发，确定实践教学各评价指标的权重和评价标准。定量与定性相结合，便于指导教师综合分析学生的实践教学效果，作出客观的、公正的判断。

四、科学性原则

市场营销专业实践教学评价体系的设计和评价指标的确定要符合实践教学目标，从用人单位、学校和学生三方面，设定各项评价指标，运用科学的方法确定每项指标，使整个评价指标体系符合相关的统计要求。在评价方法上，也要坚持科学性原则，做到校内教师评价与企业评价相结合、教师评价与学生评价相结合、过程评价与结果评价相结合、定性评价与定量评价相结合。

第二节　现代学徒制市场营销专业实践教学评价体系的组成

现代学徒制市场营销专业多元化的质量评价是指整合、协调各个评价主体，运用多样化的评价方法，对学生在学校和企业的学习、企业师傅和学校教师教学的情况与行为变化进行全面化、全程化的评价。评价指标应包括对学生知识与技能、过程与方法以及态度、情感、价值观等方面发展状况的评价，多元评价体系具体表现在以下几个方面：

一、多元化的人才培养质量评价主体

评价主体是指参与人才培养质量评价活动并按照一定的标准对评价客体进行价值判断的个人或团体。

（一）政府教育主管部门要发挥管理主体的作用

现代学徒制培养模式市场营销人才培养质量需要各级教育行政主管部门发挥评价管理的主体作用，建立制度和规范，并进行评估。

“政府介入”作为一种新思想和新理念，首先是由经济学家提出的，也被称为政府干预，其研究始于对“政府是否应该介入市场”的思考，亚历山大·汉密尔顿（Hamilton，1791）、亚历山大·格申克龙（Alexander Gerschenkron，1962）和弗里德里希·李斯特（李斯特，2012）都对“政府介入”从必要性和有效性方面进行了论证。“政府介入”的必要性研究方面，亚历山大·汉密尔顿在1791年的《关于制造业的报告》中提出，在当前

的背景下要在经济上赶超英国，政府介入非常有必要。扶持制造产业，需要通过政府制定保护主义贸易政策来实现。

亚历山大·格申克龙在观察、比较了苏联和德国的发展经验后提出，技术引进与工业资本的积累，需要靠“政府介入”来实现。李斯特是德国的经济学家，他认为“政府介入经济”的具体手段是一种方向性的指导，当产业发展处于发展初期或者起飞阶段时，需要政府的介入来确保产业获得发展成长的机会，但一旦产业发展至成熟，政府的介入就要退出。而关于“政府介入”有效性的研究，以上 3 位学者及其他众多学者都较为认同“发展阶段”与“政府介入”息息相关，“政府介入”的有效性受到“发展阶段”的制约。对于“政府有效介入”的基础问题，查默斯·约翰逊（Johnson，1982）提出一个有效的政策执行主体是制度成功的保障。中国作为一个发展中国家，“政府介入”这一问题难以回避。

对于“政府介入”，教育领域的讨论也在不断发生。杨子刚提出在高校与企业的产学研合作过程中，政府的作用不容忽视，政府的支持与参与能令产学研合作更高效。有政府介入的产学研合作模式，较纯市场行为的产学研合作模式，双方更积极、更主动，更加愿意通过合作来增加自身和社会效益。

朱成学等认为各级政府在教师教育工作中具有不可推卸的责任，作为教育工作重要组成部分的教师教育，需要政府介入。雷丽丽认为，在高等教育的质量管理过程中，需要政府介入，合适的政府介入对高等教育质量管理具有促进作用，可以提高它的有效性和效率。在描述“适当得宜”方面也做出了进一步的阐述：“政府介入，需要立足自己国家实际情况，包括教育体制、社会和经济等方面，同时还要不断关注到国际上教育大环境的动态发展所产生的影响，还需牢牢把握好高等教育质量宏观管理的界限，避免过多的直接干预。”

随着职业教育被列入了国家未来发展规划，学者们也越来越关注职业教育这一领域。与高等教育相比较，职业教育更侧重依托经济产业背景，基于产业、行业、岗位需要培养技术技能型人才。职业教育作为我国教育事业的重要组成部分，尤其是现代学徒制这种校企“双主体育人”模式，同样需要政府介入。

（二）用人单位是需求主体，在市场营销人才培养质量评价中举足轻重

现代学徒制学生所在的企业是劳动力需求方（雇主、企业），是现代学徒制培养模式下的评价需求主体，在整个评价主体中的地位至关重要。

对于企业来说，企业可以获得自己想要的人才。现代学徒制人才培养模式可以部分解决企业找不到合适的员工，毕业生找不到合适工作的难题。相较于外部应聘者，优秀企业更青睐于雇佣自己培养的学徒，因为这些学徒不仅技能熟练，而且已经较好地融入企业中，对企业的文化更加认同，这一点非常重要。同时，经过共建现代学徒制，企业可以避免出现像外部招聘可能会产生的人才甄选误差。如表 8-1 所示。

表 8–1 某学院现代学徒制实施前后人才培养情况对照表

需求主体	评价项目	现代学徒制实施前	现代学徒制实施后
企业参与情况	有无企业人员参与组织管理	无	有
	有无企业人员参加学生管理	无	有
	有无企业人员参与理论教学管理	无	有
	有无企业人员参与实践教学管理	有	有
	有无企业人员参与课程体系设计	无	有
	有无企业人员参与教学模式设计	无	有
	有无企业人员参与理论教学过程	无	有
	有无企业人员参与实践教学过程	无	有
	有无企业人员参与学生考核评价	无	有
	有无企业人员参与教学水平评价	无	有
	有无企业人员参与人才培养目标设定	无	有
	有无企业人员参与人才培养方案改进	无	有
人才培养方式	学生有无企业师傅	无	有
	学生是否接受企业评价	否	是
	学生是否具备职业能力	是	是
	学生是否直接参与企业生产	否	是
	学生是否每学期在企业实习	否	是
教师企业实践情况	教师是否直接参与企业生产	否	是
	教师是否为企业提供技术服务	通过私人关系	通过现代学徒制平台
	教师是否与企业人员对接	否	是
	教师是否从企业生产现场获得教学资源	部分	是
	教师是否在现场教学中使用信息化手段	否	是
	教师是否参与现场教学管理	是	是
	教师是否在现场教学过程中进行过程化考核	否	是

对于企业来说，校企共建现代学徒制人才培养模式有利于企业保持活力，通过直接参与人才培养过程，“定制”人才，直接获得企业需要的人才，一方面能够降低企业的人力资源成本中新员工培训的费用。例如，学生在企业实习期间都能在一定程度上减缓企业的用人压力，补充人手。在现代学徒制人才培养模式下，企业吸纳学生作为企业的学徒，虽然要按相关规定支付相应的薪酬，但是其整体的用工成本要低于正常的用工成本，并且可以为企业发现和培养企业发展需要的潜在人才，所以整体来说企业降低了用工成本。另一方面，长期来看，有高校作为合作伙伴，企业可以借助 SX 职业技术学院的科研优势，同高校共同进行技术研发，解决技术难题，这有利于提高企业的技术实力和核心竞争力。

另外，现代学徒制人才培养模式下，企业参与人才培养，是可以获得相关税收减免的。

（三）高等职业院校是监控主体

现代学徒制培养模式下的职业教育倡导企业本位的教学，但高等职业院校是主要实施方，仍然是监控人才培养质量的主体。

依据企业实际需要的技能制定人才培养目标能够确保人才培养目标的实际性和时效性，并且通过人才素养的模块化，细化各个技能，使得学生在接受现代化学徒制人才培养方案的培养后，具备了适应企业不同岗位的技能，达到了提高人才培养质量、有效解决高职院校学生就业问题的目的。

现代学徒制人才培养模式使学生将知识学习和实习相结合，这样可以帮助学生更深地了解自己所学专业，提高知识学习的积极性；现代学徒制人才培养方案可以给学生更多机会去与社会接触，这就给学生们提供了借助于参加工作来锻炼自己的机会，可以不断拓宽学生的视野，而且可以帮助学生了解职业和社会，从而促进他们去适应环境；学生们在经过工作的实践之后，经受实际工作的锻炼，责任心和自我判断能力将会有很大的提升。

在师资方面，现代学徒制人才培养模式更有利于专业教师和企业师傅互通有无，取长补短，更新教学内容，改进教学方法，共同解决教学难题。教师参与企业一线生产，能够获得一手的教学案例和教学资料，能够保证教学内容的时效性和有效性，提升教学效果。

在传统的职业教育人才培养模式下，一些学院需要购买一些实训设备，但是现代化的学徒制人才培养方案下，大部分的实习和实践课程可以在企业开展，这样学校不需要购买不必要的实训设备，这就大大减少了办学开支。现代化的学徒制人才培养方案，不但紧密了高等学校和各个行业以及企业之间的关系，而且让学校的教育教学方法更加符合企业和社会的需要，并且促使学校的研究从企业的实际需要出发，不断提升学校的综合实力。

（四）学生及家长是对象主体

学生和家长与政府、企业学校共同组成工作委员会或咨询委员会的形式发挥对人才培养对象主体的评价作用。在现代化的学徒制人才培养方案下，学生具备两种身份，也就是说，学生在接受教育的同时，也在从事工作并获取一定的薪水，减少了家庭的压力，而且丰富了学生的经历。

在一些学院试点现代学徒制之前，学生们基本上是在学校里完成一些学习任务，所以会出现知识和现实工作需求之间的差距，此外，学校无法全面地培养学生的职业素养以及社会技能。但是，在现代学徒制人才培养方案下，学生们可以学习学校的理论知识，还能在企业里将知识运用于实践中，学习效率也有所提高。学生们在企业的身份是学徒，这样他们就可以进一步掌握企业的实际情况和社会情况，并进一步提升学习的积极性，从而培养学生的职业技能以及道德素养，最终帮助学生提高就业竞争力。

相比过去的人才培养方案，现代学徒制人才培养下的学生可以提早进人工作环境，可以比别人多一些工作经验，可以在大学毕业时独立承担工作，这点在过去人才培养模式下是无法做到的，现代学徒制人才培养模式大大提高了大学生的就业竞争力和职场适应性。

二、多样化的人才培养质量评价方式

在现代学徒制市场营销专业人才培养的质量评价中，应依据评价主体不同，使用不同的权重，采用自我评价与他人评价结合的方式。自我评价是对自身的学习、工作表现等进行价值判断，他人评价是指一种除自己以外的人或机构进行的评价。评价方法可采取调研、座谈会、问卷和相关会议等多种方法。评价实施要坚持过程性评价与终结性评价相结合，并注重过程性评价；定性评价与定量评价相结合，重视定性评价。可以运用数学工具和统计学方法，收集分析评价对象的相关资料，也可采取模糊评价等方法。评价结果来自多种方式，具有较高的可信度和权威性，能够充分调动各方的积极性。

三、多维化的人才培养质量评价内容

现代学徒制市场营销专业人才培养质量评价内容包括人才培养理念和目标的评价、人才培养过程的评价和人才培养效果的评价等多个方面，这就要求在评价时应将多元评价结果进行综合，并开展动态评价。具体来说，在评价现代学徒制市场营销专业人才培养质量时，应将人才培养理念和培养目标、课程体系评价、教学方式评价、学生学习质量评价、实践教学质量评价、顶岗实习评价、学生营销技能评价、用人单位评价、教师水平评价、教师课堂教学质量评价和管理质量评价等多方面进行综合，加权后形成总的评价结论，在上述的评价项目中，用人单位和学生营销技能评价是最重要的两个方面。

四、实践教学评价

以 GDBY 学院市场营销专业为例，为更好地对学生实践课程的设计、落实、成果展示等工作，开展了学生实践课程学习效果的自我评价。通过随机抽取工商管理学院市场营销专业的学生进行面对面问卷调查，并采用 SPSS 和 EXCEL 等软件进行详细的数据分析，了解到学生对各实训课程实践的满意程度，以此提高学生的学习主动性。

（一）实例研究过程

通过访谈及查看市场营销专业人才培养方案，总结实践教学主要包括以下形式：

（1）产品促销方案设计——组织策划能力和创新能力。运用营销专业知识以提高促销方案的科学性与可行性。

（2）企业营销方案设计——全面提升思考能力，提升专业基础知识的掌握。这是以企业的需求出发制订营销方案的课程，和单纯的营销策划方案不同，涉及更多的考虑因素，如企业的现状、企业的长、短期目标、竞争对手等。

（3）广告创意训练——创造性思维培养。通过对选定产品的定位、目标群体、销售现状等情况发挥创意设计出一则视频广告，其中涉及视频剪辑软件的使用、文案的编写等。

（4）ERP 沙盘演练——全面综合素质和团结协作能力。ERP 沙盘演练实训课程主要是以小组形式模拟一个公司的生产经营，各成员之间虽分工职责不同，但每一个环节密切联系，无论是任何部门主管或是总经理的决定都可能对公司产生极大影响。

（5）校内仿真实习——沟通交流能力和对专业理论知识的系统化应用。实习的分组各

成员学生来自不同的专业，而且是由学校统一随机分组而成。不熟悉的成员在短时间内迅速组建好团队去共同经营公司，而市场营销专业学生担任营销相关岗位。

（6）课程实践——综合能力和全面知识的掌握。课程包括场营销专业导论、消费者行为学、广告学、电子商务概论、市场调查、网络营销、销售管理、物流与供应链管理、商务谈判、国际市场营销、营销渠道管理、现代推销理论与技巧、连锁企业经营与管理、品牌管理、广告创意与文案策划、网络广告、网页设计与制作、网络动画设计、管理信息系统和客户关系管理。

此次调查采用面对面访谈和问卷，定性调查与定量调查相结合的方式，调查学校市场营销专业学生实践课程的学习情况，主要是通过向不同年级、不同专业方向的学生进行一对一的问卷调查进行资料或数据收集。

本次实地抽样调查中，共抽取样本 163 份，有效样本 131 份。以网络问卷的方式面向 2011~2015 级同学展开调查，课程内容主要以大类作为测量内容，没有从具体课程实践切入的主要原因是，课程实践环节引入真实企业项目，伴随着学校以学生为中心的实践教学深入，逐步进行。

（二）调查结果及数据分析

1. 样本概况

调查的样本性别分布为男性占 47.3%，女性占 52.7%。样本年龄分布数据反映工商管理学院市场营销专业学生的年龄分布较为平均。样本年级分布为 2011 级占 15.3%，2012 级占 20.6%，2013 级占 21.4%，2014 级占 7.6%，2015 级占 35.1%。样本专业方向分布为营销管理占 19.1%，电子商务占 5.3%，商务策划与管理 / 营销策划占 74.0%，零售管理占 1.5%。零售管理样本占比较小的主要原因是 2012 级以后零售管理方向由于选课人数不多，便没有再开设单独班级，而营销策划方向选择的同学一直呈现上升的趋势，2013 级和 2015 级开设了两个班，2014 级营销策划人数多于电子商务和营销管理方向的同学。电子商务方向选择的同学的数量一直都只是刚好够开设班级。

2. 实训课程成效显著，学生成绩优良

据调查显示，学生认为实训课程能够让他们得到更全面的发展，以提高自身的竞争力。认为能够提高自身培养沟通和表达意识能力、团队合作和组织管理能力、团队合作和组织管理能力、自我管理能力、信息采集意识和信息处理与转化的能力、发现问题与解决问题的能力和创新意识和创新创业精神的所占百分比均大于 50%。因此，实训课程就是扩充学生知识储备的同时对掌握理论知识能够学以致用的过程。

实训课程的考核评价标准以实操、课堂表现、考勤等方面综合、客观地考查学生对该门实训课程的掌握程度和学习态度，建立多元化的学生考核评价体系。通过调查数据显示，各实训课程的学生成绩以优良居多，80~100 分的累计百分比占 64%~80%。

3. 学生专业实训课程成绩在专业方向有显著差异

调查数据显示，在产品促销方案、企业营销策划、广告创意训练等专业实训课程中，学生成绩在专业方向有显著差异，均表现为高分数段（90~100 分）大多为营销策划方向的学生。这是由于营销策划学生相比其他专业方向，平时的教学安排中涉及学习撰写策划方案的课程数量更多，撰写策划方案的练习次数多，所以高分段的学生人数最多，且与其他专业方向高分数段的人数相距较大。

4. 学生对实训课程喜爱程度高

通过对将实训课程以考查内容的不同作为分类依据，分为课程实践、创意发掘实践、专业知识实践和综合管理实践。数据显示，学生对综合管理实践的喜爱程度高于课程实践、专业知识实践和创意发掘实践。综合管理实践主要包括 ERP 沙盘演练和校内仿真实习课程，都是采取分组形式模拟经营公司，具有实操性强、学生参与度高的特点。除了能够充分调动学生的积极性，小组成员之间也能取长补短，营造互帮互助的良好学习氛围。

5. 学生对实训课程的印象评分在年龄有显著差异

结合表 8-2 ~ 表 8-4 数据得出，根据 ANOVA 表数据分析可知，对课程实践（平时上课）和综合管理实践（ERP、综合仿真实习）实训课程的印象评分的显著性都小于 0.05，表示在年龄上有显著差异。

表 8-2　均值分析

项目	年龄	N	均值
请按照您印象最深的实训课程排序，1 为印象最深刻（课程实践）	18	1	1.00
	20	1	1.00
	21	19	3.21
	22	21	3.24
	23	31	3.06
	24	22	3.14
	25	23	2.26
	其他	13	2.08
	总数	131	2.88
请按照您印象最深的实训课程排序，1 为印象最深刻（综合管理实践）	18	1	1.00
	20	1	1.84
	21	19	1.57
	22	21	1.90
	23	31	2.05
	24	22	2.43
	25	23	3.31
	其他	13	2.11
	总数	131	

表 8–3　方差齐性检验

项目	Levene 统计量	df1	Df2	显著性
请按照您印象最深的实训课程排序，1 为印象最深（课程实践）	0.712[a]	5	123	0.615
请按照您印象最深的实训课程排序,1 为印象最深(综合管理实践)	1.596[d]	5	123	0.166

表 8–4　ANOVA

项目	平均和		df	均方	F	显著性
请按照您印象最深的实训课程排序，1 为印象最深（课程实践）	组间	29.259	7	4.180	3.046	0.005
	组内	168.787	123	1.372	—	—
	总数	198.046	130	—	—	—
请按照您印象最深的实训课程排序，1 为印象最深（综合管理实践）	组间	34.749	7	4.964	3.822	0.001
	组内	159.755	123	1.299	—	—
	总数	194.504	130	—	—	—

课程实践实训课程是一个侧重学习理论知识的过程，而综合管理实践则是考查学生知识储备、应急能力、学以致用能力等综合素质的课程。23 岁前，两门综合实践课程的学生均认为比较深刻。但 23 岁后，课程实践呈现年龄越大，印象越深刻的特点；综合管理实践呈现年龄越大，印象越不深刻的特点。

这说明了综合管理实践课程作为迅速锻炼学生某方面实践能力的课程，对学生能够起到专业学习的效果，但延伸性不强，在今后的工作中运用的较少，所以离校时间越长的学生对这门课程的印象越浅。对课程实践而言，延伸性较强。离校时间越长的学生深深了解到理论知识对开展工作的重要性，所以会侧重日常学习的积累，通过反复对理论知识的研读，举一反三，灵活运用在工作中，所以对课程实践的印象会特别深刻。

6. 学生获取实训课程信息渠道多

获得本专业相关的实训课程渠道包括专业教师提前告知、学校媒体平台信息、教务处发布公告、辅导员通知、主动询问等。数据显示，选择专业教师提前告知渠道获取实训课程信息的学生人数最多占 63.6%，其次是辅导员通知占 46.7%，而主动询问渠道仅占 23%。这反映获取信息的渠道多元化，但学生仍缺乏获取实训课程信息的主动性，还有部分原因是对于专业教师提前告知的信服度更高，更容易接受。

7. 学生对课程安排及组织形式的偏好

调查显示，学生在平时上课和实训课程的选择中，更喜欢平时上课的学生占 20.6%，更喜欢实训课程的学生占 79.4%，这说明普遍的学生对实训课程的喜爱程度大于平时课程。这是由于实训课程是理论为辅助，项目实操为主导的。平时上课主要是听教师传授理论知识。在实训课程中，学生的参与度更高，能够施展自己才干的机会更多，而平时上课更主要的还是被动地吸取知识，较为枯燥，所以学生对实训课程的喜爱大于平时上课。

在学生对实践组织形式偏好的调查中，首先是学生普遍倾向团队式综合管理占

55.7%，其次是倾向课室内时间交流和课下以小组形式讨论研究。较少学生倾向个人自由式作业，仅占 12.2%。由此可知，学生更倾向于能够以小组形式之间分工合作完成某一项目或作业，团结协作更有利于小组成员间彼此交流，有利于小组成员之间取长补短，提高完成项目或作业的效率。而个人自由式作业是个人按照自身的理解和现有的知识水平完成，虽然能让教师清楚知道学生的学习进度与深度，但学生互动分享交流不足。

8. 企业实践教学实训课程的满意度

调查数据显示，5 门课程学生的满意度均在一般和满意之间，这说明五门课程对于学生而言存在一定难度。满意度最低的是区域、行业调研课程，其均值 3.37 满意度接近一般程度。其根本原因在于区域、行业调研各步骤都需要耗费大量的精力和时间，以达到调研方案的合理性、科学性。同时，进行实地调查会面临着被访者的拒绝，调查过程艰辛。在处理数据时工作量较大，应细心录入数据、认真审核以确保数据的真实可靠，后期还要进行数据汇总与分析。满意度最高的是毕业实习，其均值 3.69 满意度接近“满意”程度。其原因是学生在大学期间就是丰富理论知识储备、掌握更多的技能来更好地投入社会工作。在毕业实习的过程中，学生能够在实践中迅速得到成长，学习理论会更有侧重点。在实习时选择有意向的岗位，深入了解这个岗位是否适合，如果今后也从事此类岗位应该要完善自己的专业技能与知识。

学生各实践课程的学习成绩较为优异，及格率高，满意程度比较高。从数据分析可知，实践课程对于学生的沟通、表达意识和能力、提高团队合作能力和组织管理能力、提高信息采集意识和信息处理与转化能力、培养问题意识和发现、分析与解决问题的能力、提升创新意识和创新创业精神等有显著的教学成效。学生对专业课程学习呈现出一个离校时间越长学生印象越深刻的特点，由于理论知识的延伸性较强，学生在离校后的实际工作中要用到相关理论知识，学生就会温故知新。而在学习过程中的学生则对理论知识的学习感觉枯燥，所以印象浅而且满意度较低。学生对综合管理实践的喜爱程度非常高，但其呈现离校时间越长学生印象越不深刻的特点，虽然这类课程实操性强，能迅速锻炼某方面实践能力的课程，但由于延伸性不强，在今后的工作中运用较少，所以离校时间越长的学生对这门课程的印象越浅。因此，应用型人才培养计划对于学生的知识储备、技能掌握、能力提升等有显著成效。

五、国外学徒制企业师傅遴选的经验与启示

国外学徒制无论是研究还是实践方面都早于我国。从国际学徒制的发展来看，目前较有代表性的是德国的“双元制”、英国的“多层制”和瑞士的“三元制”。这些国家不但针对学徒制出台了相关的制度，也在法律层面上为学徒制的实施提供了法律的保障。同时，学徒制被纳入了国家发展战略的顶层设计，从制度上对学徒制的推行进行严格规范，在政府层面建立了相应的执行和监督机构。

（一）德国学徒制企业师傅遴选的经验

20 世纪中期，德国在第二次世界大战后的十多年时间里，经济高速发展，20 世纪 60 年代赶超英法成为世界第二大经济体。之所以实现了经济腾飞，德国被认为“双元制”的职教体系起着至关重要的作用。

德国的学徒制制度历经很长的历史发展时期，其萌芽最早可以追溯到中世纪。那时候德国的手工业发展显著，当时的学徒居住在师傅家中。学徒通过观察模仿、自主制作等方式完成学习，这个时期主要培养的是手工艺人。随着经济社会的发展，德国手工业行会通过章程等对学徒的资格、合同的签订以及师傅的职责等进行要求并作详细明确的规定。这些章程或者文件对师傅的带徒数量提出要求，一般最多只能招收两个学徒。同时对师傅提出了要求，要成为师傅，先从学徒做起，再到工匠，才能成为师傅。从业者必须经过若干年的外出游历，做出技艺高超的作品之外，也要参加师傅考试，通过之后才能成为师傅。可见，要成为师傅，并不是一件轻而易举的事情。

德国“双元制”的最大优势，就在于“国家主导、市场驱动”。其中，政府主导着学徒制的发展方向。一方面，政府做好了顶层设计，通过立法确认国家参与职业教育的原则，同时，也通过立法规定了各级政府及社会团体在学徒制实施过程中的管理权限及管理义务。另一方面，德国通过“联邦政府（全国范围的立法）—各州政府（制定州一级的法规条例）—各州职能部门（具体实施）—各州教育与文化事务部长联席会（制定学徒制培训课程框架）—学校监督委员会（监督和管理学徒制培训过程）”这样自上而下的分层管理方式，方便了政府深入参与学徒制的全过程。

18 世纪开始，德国陆续制定了各种法律和规章制度，对学徒制的师傅的任职资格要和基本能力要求进行了规范。1897 年，德国颁布了《手工业者保护法》，该法案对学徒制做了严格要求：在年龄上，企业师傅一般至少要满 24 周岁，并且完成了所在领域的学徒制学习，至少有五年的本行业从业经历。该法案 1908 年又进行了修正，对手工业师傅的资质提出了更高的法律规定，要必须通过师傅考试，才能获得相应认证。1969 年，德国联邦政府颁布实施了《职业教育法》，这部法案的颁布为政府引导职业教育奠定了法律基础。《职业教育法》对德国不同层级的管理机构进行了规定，明确了在学徒制实施过程中各自的权利与义务。具体来说，德国联邦政府是负责宏观统筹的，包括颁布全国性的规则、筹集资金、设计学徒培训计划、对各州学徒制工作进行指导和监管等。德国的《学徒制条例》通过立法的手段，约束国内的企业培训行为，同时授予行业协会一定的管理权。政府还制定了《企业师傅能力条例》，要求企业从业者必须接受长达两个月的教学培训，通过师傅职业资格考试之后，才能获得企业师傅的资格。德国的师傅考试，既是执业资格考试，同时也是晋升考试，考核合格者可以获得由各个行业协会颁发的师傅资格证书，证书上会印有该名师傅各科考试成绩，包括专业知识、教学水平、管理水平和技能水平等。在德国，不同的行业领域，不同的师傅分类，但是不管是哪一个行业，要成为企业师傅，就必须通过考试，而且获得的师傅资格是被全国认可的。

（二）英国学徒制企业师傅遴选的经验

英国的学徒制也有很长的发展历史，其形式随着经济的发展不断发生变化。英国学徒制转变了英国职业教育的落后状态，英国的经济与技术如今保持在世界较高水平与其学徒制息息相关。

英国作为工业革命的发源地，也是世界上最早实现现代化的国家之一，其职业教育、师资建设都具有非常浓厚的英国本土特色。英国的职业教育主要是学徒制，这种工作本位的职业教育是英国职业教育政策的重要着力点。英国的学徒制体系可以分为青年学徒制、前学徒制、学徒制、高级学徒制和高等学徒制五个层次。其中，青年学徒制和前学徒制属于学徒制的准备阶段，后三个层次属于英国正式的学徒制体系。英国学徒制涵盖的领域很广，包括了108个领域，而且与国家职业资格框架衔接。在英国学徒制的人才培养模式中，政府参与已经是常态化，主要职责是管理全国学徒制的实施工作，制定统一的标准和规范等。英国的权力运行机制是相互制约的，中央政府和地方政府都享有一定的行政管理权，既分权又合作。中央教育部门主要负责制定和实施全国性的学徒制教育法令和教育政策，并负责对地方的执行情况进行监管；而地方教育当局则负责管理学校执行情况以及学徒制师资的选聘等，直接影响本地职业教育工作。英国政府非常重视职业教育师资队伍的建设情况，主要体现在国家、政府把提高职业教育师资质量视为其教学改革非常重要的内容之一。英国建立了系统的、严格的职业教育教师资格标准体系和规范化的职业教师师资培训制度。英国学徒制的建立是基于国家职业资格体系的，其体系非常庞大，具有八个层级。英国以国家职业资格体系作为平台基础，依托社会力量来开展学徒制。英国国家学徒制服务署分为两个层级，分别是国家层级和地区层级，负责推动学徒制计划的实施。英国学徒制涉及的利益相关者众多，包括政府、学徒、家长、雇主、培训机构、企业师傅、企业、行业等。英国学徒制涉及的组织机构比较多，并且每个机构都有明确的工作职责，它们之间既有分工又有协作，具体包括学习与技能委员会、行业技能委员会、职业资格与课程开发署，分别负责协调各方关系和督促合作协议的签署、国家职业标准开发，学徒制课程框架、学徒证书设、资格证书审定、评价体系改善等。英国的行业、企业参与到全国统一的资格标准的制订，通过国家颁发的职业资格证书，不仅使受教育者获得了从业资格凭证，同时也获得了相应的教学学历证书，因为职业资格证书与教学学历证书是对等且互通的。为使受教育者能够按照国家职业资格体系接受职业教育，获得劳动市场的认可，英国职业教育的师资就必须满足国家职业资格体系的要求，其自身也必须具有整合职业资格与知识传授的能力。

对于企业师傅的遴选，英国并没有制订专门的现代学徒制企业师傅任职资格。对英国学徒制的企业师傅来讲，必须具备和普通教师一样的任职资格与能力。2002年，英国教师标准局和英国师资培训署联合颁发了《英国合格教师专业标准与教师职前培训要求》。

这是一个重要的文件，其目的在于提高包含企业师傅在内的教师的专业标准。《合格教师专业标准》将合格教师必须具备的素质划分为三个维度：首先是专业素质的要求，包括与受教育者的关系、职责与规章、交流与合作、个人的专业发展等方面；其次是专业知识与理解，包括教育学、评价和监控、学科和课程、读写算和ICT、成绩和多样性、健康和福利等；最后是专业技能的要求，包括计划和教学、评价和监控以及反馈、反思与改进、学习环境、团队工作与协作等方面。

（三）瑞士学徒制企业师傅遴选的经验

“瑞士制造”一直以高品质著称，其成功得益于其高质量的高技能人才培养体系。瑞士的学徒制，无论是青年还是企业，参与度都非常高，使其发展成为国际上学徒制的标杆，备受赞誉。

瑞士的职业教育改革历经漫长的时间，从19世纪20年代末一直到1930年，瑞士联邦政府颁布了《联邦职业教育法》，这部法案明确将职业教育的管理权划归到联邦政府。同时还规定，就读职业学校、参加职业培训考试，是每个学徒应尽的义务。这部法律对瑞士的学徒制发展起到里程碑的作用，在法律层面确立了学徒制“双元”结构的形成。但是瑞士职业教育的改革没有止步于此，2002年瑞士重新颁布了新的《职业教育法》，这部于2004年正式实施的新法案，标志着富有瑞士特色的“三元制”的确立。

瑞士“三元制”的特点体现在以下几个方面：第一，职业教育体系三元，包括职业准备教育、中高等职业教育和职业继续教育；第二，瑞士学徒制管理主体三元，由瑞士联邦政府、州政府和各行业协会构成；第三，实施机构三元，主要有职业学校、企业和行业协会；第四，学习场所三元，主要是学校、企业和产业培训中心；第五，学徒制师资三元化，包括了企业师傅、职业学校教师和产业培训中心培训师。

瑞士的学徒制对于师资队伍的素质有着严格要求。新《职业教育法》对职业学校的建立、教学大纲的制定、学徒合同的签订、开展学徒培训的企业资质、企业师傅资质要求和资格证书的颁发等，都作出了明确细致的规定。瑞士学徒制的培训分别在三个地点进行，将职教师资队伍划分为三种类型，不同类型的教师承担着不同类型的教学任务。为了加强师资建设，瑞士颁布实施了《职业教育与专业教育培训法案》，分别对三类培训学徒的师资提出明确的要求。对于企业师傅，首先要通过高级联邦专业教育考试或者师傅资格考试，获得联邦职业教育培训文凭或者取得同等的学历；其次，需要在本行业有至少两年的工作经历，获得培训人员的资格证书；最后，还需要参加瑞士联邦职业教育与培训研究所（SFIVET）关于瑞士职业教育体系、瑞士职业教育法律法规和职业教育教学法的培训，培训时长不少于100小时。对于职业学校教师和产业培训中心培训师的师资要求业主要从这几个方面，而职业学校的专职教师在培训时长上，要求要达到1800小时。

瑞士学徒制的顺利运行，有赖于政府的投入、政策的支持、行业企业的积极参与及瑞士社会各界的广泛支持。在维护参与学徒制的各合作主体合法、合理的利益诉求基础上，通过制度化和规范化的法律法规保障各参与主体利益诉求的实现，多途径激发各方参与现代学徒制的积极性和主动性。通过立法对学徒制的师资提出严格要求，保障了学徒制人才培养的质量，使学徒制为瑞士的经济发展培养了大量高素质的技术技能型人才。

（四）启示

从德国、英国和瑞士三国的企业师傅遴选经验来看，企业师傅的遴选离不开政府的政策指导、离不开制度的保障、离不开法律的支持。同样的，企业师傅的遴选也不能没有一定的行业通用甚至全国性的通用标准。目前，我国现代学徒制试点虽然取得很大的成效，但是由于推行过程中存在现代师傅选拔标准的缺乏或模糊，尚未建立一个对现代学徒制企业师傅实施标准化规范管理的制度，顶层设计不足，法律界限不够清晰，各个行业协会效力不高，管理制度陈旧，都影响着现代学徒制企业师傅遴选的进行和开展，也制约了现代学徒制高素质技术技能型人才的培养质量。

第九章　基于现代学徒制市场营销专业典型实践案例

第一节　现代学徒制混合式实践教学的应用案例

以FS市技师学院市场营销专业的“618”售前销售实训项目为例，对“互联网+”时代下，市场营销专业学生的教学模式进行探究，提出了独具特色的新型学徒制教学模式，并对其优点进行总结。

一、实例背景简介

（一）职业教育发展的需要

《国家中长期教育改革和发展规划纲要》中指出：调动行业企业的积极性，建立健全政府主导、行业指导、企业参与的办学机制，制定促进校企合作办学法规，促进校企合作制度化。鼓励行业组织、企业举办职业院校，鼓励委托职业院校进行职工培训，制定优惠政策，鼓励企业接收学生实习实训和教师实践，鼓励企业加大对职业教育的投入。

上述提及的“职业院校”均包含“技工院校”。

（二）社会发展的需要

职业教育的方式和路径有很多，但无一例外，其最后的导向是培养优秀的技能人才，推动区域经济发展，为社会做更多贡献。然而，目前职业教育的突出矛盾是在于学校培养的人才与企业的自身需求存在着不相匹配的问题，如何扭转这一局面，使得技工院校培养的学生既可以学到技能知识，又可以适应企业的要求，已经成为各大技工院校变革之路上的一个难题。因此，学校希望可以在未来继续深化校企合作，积极发掘与探索现代学徒制来寻求校企双方共同发展，这样可以帮助技工院校另辟蹊径，提升技工院校对社会发展的贡献度。

（三）学校发展的需要

FS市技师学院作为技工院校，应该与时俱进，不断革新教学机制，推进课程改革，深化内涵建设，加强校企合作，逐步增强技工院校教育服务社会、服务经济、服务未来的实效性和指向性，加快培育具有较高的道德情操、职业素养以及拥有扎实的理论基础、熟练的技术实操等综合性职业能力的高素质复合型人才，为社会提供更大的智力支持、技术支撑、人才资源。

（四）企业行业的需要

新型学徒制在学校和行业、企业三者间架起了一座桥梁。有了这座桥，对企业而言可以节约生产成本，更省去了招聘职工的烦琐。就业市场，特别是技术职位就业市场，“招工难”的现象屡见不鲜，只有经过职业教育出来的学生知识和技能可以符合企业的实际需求，即达到入招生即招工，入校即入企，才可以从根本上解决这个难题。因此，职业教育实施新型学徒制最直接和最大受益方就是行业企业。

（五）技工院校学生的需要

在技工院校中，大多数学生来自城市郊区或乡镇。城市本地的学生一般由于家庭关系，在社会中更容易找到实习机会和自己心仪的岗位，他们的求职之路比农村学生更加平坦，也更有机会和舞台能够展示自己的能力。现代学徒制很好地解决了这种不公平教育现象，既可以让学生在教室里学习理论知识，也可以通过去企业一线企业得到培养锻炼，积累更多的经验，还能充分培养学生的实操能力、协同合作、处世为人等其他方面的能力，这样在无形中就提高了学生的就业能力，解决了当今农村生源学生“就业难”的问题。

二、实例项目背景

这几年随着我国网购人口不断增加，“互联网 +”的不断拓展，2019 年的“618”交易额高达 2015 亿元人民币，创历史新高。但“618”这一特定时期，带给商家的不仅仅是更多的销售额，也使商家在这时期的用工需求不断增加，但这些需求是临时性的、短期的，活动结束后用工需求恢复正常，并且在用工高峰期，大环境造成用工难，招聘新人员会造成无法立刻上岗、技能不熟练等用工矛盾。在这时期，企业主需要售前、客服等岗位人员。企业售前人员刚好是技工院校市场营销专业人才培养的主攻方向之一。技工院校市场营销专业如何能够利用“互联网 +”时代背景下的契机，探索校企合作新型学徒制教学模式值得探讨。

新型学徒制是横跨学校和行业、企业之间的一座桥梁，也是维系三者深度合作的纽带。有了它，企业为此可以节约生产成本，更省去了招聘职工的麻烦。招生即招工，入校即入企，可以解决学校教育与企业需求之间的脱节情况。新型学徒制将学生学习理论知识与企业实践工作相结合。FS 市技师学院市场营销专业与 MD 公司在“618”的售前销售实训合作于 5 月 15 日至 6 月 28 日进行。在此过程中，学校首先将“MD”为学生特别安排的服务培训嵌套在学生的日常课程中，随后再安排学生参加 MD 的“618”售前销售工作。本次实训的时间是在 2018 至 2019 第二学期的时间内，2017 级学生实现了学习和实践的无缝连接：2018 年 5 月 15 日至 28 日，学生在校园内参加相关课程学习，企业讲师

给学生讲解企业产品；2018 年 6 月 13 日至 28 日，学生在企业师傅的带领下在学校与 MD 校企合作实训中心进行上机实操，每天结束后在企业师傅的带领下进行总结和学习。与此同时，企业实训课程由 MD 的企业讲师全权负责，企业参与学校课程的“人才培养”的过程。

由此可见，新型学徒制下，校企合作更加密切，企业需求更能反映在学校日常教学中。

三、新型学徒制教学模式

企业新型学徒制是传统学徒制的继承与发扬，目的是希望通过校企深度融合，在生产实践中以“师傅带学徒”的方式来培养理论和生产技能相结合的高技能复合人才。这种模式在本质上来讲是一种双主体的制度，由学校和企业齐心协力地培育学生，专业教师在校园内传授理论知识，技能师傅在一线岗位指导实践操作，学员既是学校的学生也是企业的学徒。同时，新型学徒制推行的是技能和知识相结合的培养方式，得到社会的认可。

从目前已有的案例看，新型学徒制搭建起了校企之间的合作平台，实现了招生即招工，入校即入企的双重目标。同时，它也加强企业在学生培养中的作用和参与度。它以校企合作为基石，以学生培养为核心，以课程建设为纽带，在人才培养过程中，依照企业人才需求及行业评价标准来制定课程标准及培训内容，比传统的教学方式更能适应当前粤港澳大湾区建设对新型技能型人才的需求。

根据活动实践运行情况，“618”购物街活动从 5 月 15 日企业教师进驻学校以师带徒方式培训开始到 6 月 28 日结束，企业教师、企业文化、企业制度全程贯穿合作。由于活动预热等销售需要，活动持续时间比较长，从 6 月 13 日开始，到 6 月 18 日至 19 日凌晨活动最高峰，之后慢慢结束。在此过程中，学徒进行具体操作实践，将曾经学习的知识技能可以及时得到应用与反馈，并且在工作中深化理解、内化认知，从而获得更高效率、更有质量的学习体验。

（一）校企深化合作

2016 年，FS 市技师学院与 MD 客户服务中心签订了校企合作的协议。2018 年，校企合作进一步深入，开始着手启动现代学徒制人才培养项目。“618”的实训合作是该项目合作中的一个重要项目。学校方与企业在实训之前已经有了比较深入的了解，学校在此之前与企业已多次合作，企业对学生比较有信心，因此，本次实践教学在市场营销专业的 140 名学生中进行。企业通过面试、入职考核等方式，筛选学生，签署了 MD 现代学徒制培养协议。企业为项目提供企业培训讲师、项目督导、企业数据平台、售前平台、人员管理平台、企业文化墙等。

（二）入校即入职

选拔学生完成后，企业同样与学生签订相应的现代学徒制培养协议，签订 MD 入职协议，为学生分配工卡、分配工号，录入打卡指纹，对学生进行企业要求，让学生感受到企业氛围。为了保证学生的岗前培训效果，确保学生掌握的技能符合企业的需求，MD在每个模块的知识培训之后都安排了相应的测试。只有全部通过测试的同学才能够上岗实训。

（三）师带徒

在整个项目中，企业为新型学徒制班级选拔企业教师，企业教师与学校教师贯穿这个项目之中，企业为每10位学生配1名企业教师，以师带徒的方式，让学生尽快适应企业节奏，帮助学生解决实际工作中的问题，带领学生学习技能、总结经验、规划职业生涯。在项目中，师带徒的企业教师，不仅仅是师傅，是教师，也是职业生涯的领路人。

四、新型学徒制优势明显

新型学徒制的为职业实践为中心组织教育内容和技术训练，并且注重实际能力的培养。新型学徒制的“新型性”表现在教育功能上，是从重视生产性到重视教育性；从教育性质上看，新型学徒制把狭隘的就业培训变为职业培训，从终结教育过渡到终身教育，从呆板的知识性教学，变为职业技能教学，结合企业实际工作，以企业需求技能为人才培养方向，使学生达到学习知识掌握技能的目的，也使新型学徒制下的学生更加符合企业用人需求；从教学组织来看，从非结构化到结构化，既有经验丰富的教学团队，还有多元化教学实训场地；最后，从开放性角度来看，校企合作不再是蜻蜓点水、流于形式和表面，新型学徒制重视校企合作的深度和广度，以师带徒为契机，解决传统职业教育的难题。

基于“618”而建立起的现代学徒制教学模式，能够弥补普通技能教学的实操性以及普通顶岗实习工作中出现的技能知识不足等问题，帮助企业改变用人不匹配的问题。但是，也有待改变的地方。例如，由于第一次合作造成培训时间短，实训时间短的，部分学生有怠工、厌工情绪，存在企业身份认同等问题，需要在培训内容中增加职业心理塑造的课程，帮助学生塑造正确的职业心理，坚韧不拔的毅力。现有实训贴近企业真实日常环境、工作环境，有利于学生尽快融入真实的企业，但是也减少了学生了解其他岗位的机会，有一定的局限性。如何进一步完善市场营销专业新型学徒制课程设置问题，需要我们今后进一步探索。

第二节　现代学徒制培养模式下智慧课堂的构建与案例

近两年，高等院校兴起智慧课堂的教学理念。特别是在当下，人们使用移动互联网的习惯已经发生改变，“00后”学生走在时代的前沿，喜爱展现自我，这样的变化迫使高等

院校要把课堂教学做一个彻底变革。智慧课堂逐步进入高等院校教学改革视野，而在信息化技术高速发展的背景下，用网络教学资源构建智慧课堂成为高等院校教学改革关注点。

一、智慧课堂的内涵

应用智慧课堂的前提是对于智慧课堂及其内涵的理解，探讨智慧课堂的应用，更要深刻理解智慧课堂的内涵。

1.智慧课堂的定义

智慧课堂是指利用大数据、云计算、物联网等新型信息技术打造的智能化、数字化的学习环境，达到有效提高课堂教学效果，培养学生智慧的新型课堂。智慧课堂把教育和技术结合起来，一方面，运用各种信息化技术帮助教师快速以及便捷地收集各种信息数据资源，及时进行教学评价，实现教师学生的立体化互动；另一方面，注重对学生的启发，培养学生发现问题、分析问题、解决问题的能力，促进学生智慧的发展。智慧课堂实现“构建云端，先学后教，以学定教，发展智慧”，可以提高课堂教学效率，对高等院校教学改革有巨大帮助。

2.智慧课堂的特点

（1）教学更有针对性。

教学中，教师可根据云平台中的学情数据有针对性地向学生推送个性化的学习资源，满足不同层次学生的学习要求，做到精准教学。

（2）教学资源的共享性。

教学的各种资源，如微课视频、课件、电子教案、图片或网络直播等可以根据教学的需要分门别类地上传，学生可根据自身情况选择学习和观看，满足学生个性化发展的需求。

（3）教学反馈的实时性。

智慧课堂利用先进的信息技术及时采集各种教学信息数据，在此基础上进一步运用大数据、云计算技术进行分析，使教学评价效果及时、客观、准确，有利于及时了解当前的学习状况，激发学生的学习热情，也有利于教师及时调整课堂教学。

（4）互动交流的立体性。

智慧课堂不仅继承了信息化技术应用于课堂教学中实现的教师与学生的双向互动，还注重学生间的互动交流，如课前学生就可以利用各种智能化的终端设备就教师给出的问题进行讨论学习，使课堂教学互动更丰富、立体化。

二、现代学徒制引领下高等职业院校智慧教学形态实践的必要性

现代学徒制的提出对于高等职业院校教学具有指导意义与精神引领，在“互联网+”背景下，教学形态也日渐多样化。智慧课堂教学形态的出现与现代学徒制的指引对于新形

势下高等职业院校教学研究与改革具有现实意义与客观需求，如何将两者有效结合并发挥教学有效性，对于提升高等职业院校教育的质量与加强高等职业院校教育的特色等方面都有积极作用。

（一）现代学徒制与高等职业院校教学的关系

现代学徒制成为热点与 2015 年《大国工匠》纪录片的播出有密切关系，该片讲述了八位从事不同行业的工匠故事，体现了现代学徒制的可贵与难得。2016 年，李克强总理的政府工作报告指出，“鼓励企业开展个性化定制、柔性化生产，培育精益求精的工匠精神，增品种、提品质、创品牌”。政府在新形势下对现代学徒制的提倡引起了社会各领域的广泛讨论与关注，高等院校与现代学徒制的关系更为密切。

高等院校以培养技能型、职业型与应用型人才为目标，人才培养过程中应有效融入现代学徒制的教育，为学生将来的职业生涯注入良好的职业素养。同时，现代学徒制更值得高等院校教师学习与体会，将日常教学改革、育人目标、专业程度等方面的努力与现代学徒制相结合，以生为本，行为示范。截至 2018 年底，全国共有技工职业类院校 2545 所，其中，技师学院 434 所，在校生 322 万人，就业率达到 97.4%，骨干示范院校就业率达到 100%，市场对于技能型人才的需求可见一斑。因此，现代学徒制与高等职业院校教学的融合是多层次、多面向、多领域的，不仅对学生有积极作用，更要求高等职业院校教师在教书育人过程中得以贯彻与执行。

（二）高等职业院校智慧课堂教学的必要性

基于互联网技术的发展与应用，高等职业院校传统课堂教学面临着诸多挑战与问题，学生学习积极性不高，课堂教学有效性不强等瓶颈都限制着高等院校人才培养的质量与效果。近年来，一大批教学形态信息化工具与平台的出现，对于高等职业院校教学改革既是挑战更是机遇。在现代学徒制的引领下，改革教学形态刻不容缓，高等院校应该不断探索与实践适合于高等职业院校学生特点的课堂教学形态。智慧课堂教学形态就是在教学信息化的背景下，以智慧教学为核心的新型教学理念与教学模式的创新。智慧课堂教学形态中的智慧可以从两个层面来理解：从课堂教学角度看，智慧课堂的教学理念是开发学生智慧，将传统知识传授转变为综合素质的培养，主要是针对知识灌输类教学理念的创新。

从教学信息化视角看，智慧课堂是指利用现代最新信息技术让传统课堂教学模式转变为信息化教学模式，突出其智能化教学环境的创建，其主要是对于传统课堂机械式教学类型的变革。因此，智慧课堂的双层面向之间是相辅相成、互为表里的，以信息化教学平台与工具来实现学生智慧的开发与能力的提升。

三、师生互动视域下基于移动端学习为载体的智慧教学工具

智能手机的普及与互联网的使用，让传统师生互动交流突破了时间和空间的限制，各类以移动端为载体的学习工具在课堂中的普遍应用，丰富了智慧教学形态。雨课堂、超星

学习通、蓝墨云班课、课堂派等移动端智慧学习工具的出现，有利于补充与完善传统课堂教学中的互动表现、作业监督、日常考勤、过程考核、成绩汇总等各个教学环节。

（一）移动端学习工具的智慧功能

移动端学习工具的智慧功能首先体现在与社交软件的结合上，以课堂派应用于跨境电商实务课程为例，在主流社交软件微信平台的基础上，关注课堂派公众号即可实名注册，将微信与课堂派直接绑定使用。教师可以创建课程，生成邀请码，学生自动组班成功，教师可以看到学生姓名、学号、联系方式等基本信息，还可以根据需要将学生分组。在完成班级与学生的创建后，教师可以借助课堂派学习工具及时发布公告、资料、作业等信息，提醒学生完成相关的课前准备与任务要求。公告板块可以发布课程信息，以微信消息接收，迅速有效，操作性强。资料板块可以将课程涉及的材料、课件、视频直接上传，学生可以直接利用手机端浏览观看，其智慧功能可以支持 WORD、EXCEl、PDF、PPT 等 40 多种文件格式的转码阅读。作业功能的智慧特征可以显示在作业发布、时间设定、作业查重、即时批注、多形式打分等功能上。

（二）移动端学习工具的智慧互动

移动端学习工具的互动功能，可以解决传统课堂教学中以教师为中心的知识传授型模式，突破讨论的形式和空间限制。以跨境电商实务课程为例，在移动端学习工具课堂派的话题讨论版块，提前发起课程相关知识点的讨论，在课前即可让学生了解课程的重点与难点。线上话题的讨论给了学生自由表达意见的机会与平台，对学生主动参与和融入课堂教学提供了可能性。同时，教师也能在课前掌握学生对于课程知识点的认知程度和讨论重点，提高课堂教学效率。

移动端学习工具的智慧互动还可以体现在平台的师生和生生互动，以及教师对丁学生表现的实时考核上。传统课堂中的师生互动及生生互动的最大问题就是学生缺乏主动性，课堂教学时间的有限性等各因素都使互动成为制约教学环节的重要障碍。跨境电商实务课程作为理实一体课程，利用课堂派、蓝墨云班课等移动端学习工具中的互动功能，不仅可以在课上进行抢答、举手等手段丰富传统课堂教学模式，提高学生参与度与课堂活跃度，还可以及时进行评分，以星级评定、经验值等媒介激发学生课堂学习主动性，改变被动式学习，提升学生主观能动性。

（三）移动端学习工具的智慧监督

移动端学习工具的监督功能主要体现在日常考勤、各类测试与成绩考核等方面的智慧特点。日常考勤是传统教学环节的重要一环，对于学生课堂纪律具有约束作用，利用移动端学习工具可以使考勤这一监督功能体现智慧效果。跨境电商实务课程等实训类课程，学生数量比较大，如果使用传统点名方式进行日常考核，必定会浪费宝贵的课堂教学时间。除了保留传统手工登记模式，还增加了数字一键签到、手势签到等基于信息技术的签到方式，以适应“00后”学生的学习习惯。

移动学习工具中的测试功能也能有效、实时发起问卷、投票、考试等形式多样的监督互动的智慧功能，教师能随时获取学生的反馈、学习进度及效果。同时，成绩考核的智慧体现在各类过程性任务中，如作业、小组任务、头脑风暴、讨论等，让整个课程的考核内容及结果有据可查、公正公开。移动端学习的智慧监督不仅节约了教师的日常教学管理时间，而且所有监督的手段最终都能以数据的方式导出。对于学生而言，使用移动端学习工具可以激发学生学习主动性和自觉性，也增加了学习过程中的趣味性。

四、自主学习理念下基于慕课平台为抓手的混合式教学形态

慕课作为复合型、多媒体新型网络课程教学平台，成为混合式教学形态的重要载体，对于智慧课堂教学模式的创新与发展具有积极作用。以慕课平台为基础，结合实际教学过程，根据学生特点展开线上线下混合式教学，是“互联网＋现代学徒制”背景下高等职业院校人才培养的智慧体现，有助于提高高等职业院校学生的应用性、实操性及创新性的意识和能力，对于课堂教学有效性不无裨益。

（一）以短视频为自主学习的主要内容

在互联网背景下，知识接受碎片化趋势不断深入，传统课堂教授模式已经无法适应新时代背景下高校学生的学习需求。以短视频为主题的自主学习教学视频，能丰富学生接受知识的媒介，鼓励学生在课余时间更好地进行课前预习、课后复习等各个教学环节。尤其作为高等院校，以技能型人才培养为导向，以知识点为载体的教学短视频可以提供更多操作环节的演示、企业资源的介入和实景模拟的展示。以慕课平台为基础的短视频也能提供反复观看的可能性，有助于学生查漏补缺，有效掌握课程内的各项教学目标。教学视频通常不超过十分钟，可以在较短时间内集中学生观看的注意力，更加符合网络时代背景下的学生学习习惯。因此，基于慕课平台下的短视频自主学习模式，对于高等职业院校类课程开展智慧教学具有积极作用，增强了学生的学习主动性与积极性。

以跨境电商实务课程为例，所有知识点都根据课程教学目标进行拍摄：以实体跨境店铺开设为抓手，将课程内容按照开店前的准备、开店的主要步骤和开店后的售后服务为纲领，拍摄35个知识点为基础的视频教学资源。这不仅解决了课堂教学中实践实训环节的局限性，还节约了课堂内的有限时间，能更好地帮助学生掌握实操技能并进行课程讨论。

（二）以小测试为自我检验的主要途径

慕课平台中的测试环节可以作为学生学习效果掌握情况的主要依据，其智慧形态主要体现在课前、课中与课后的多样态测试形式。通过判断题、多选题、配对题、简答题、填空题等各类题型，有效鼓励学生进行教学知识与目标的自我检验，不仅激励学生培养主观能动性，还节省了教师进行传统课后布置作业的时间与精力，让学生在学习过程中真正贯彻在学中做、做中学的教学理念。同时也弥补了传统考核模式以期末试卷作为主体的缺

陷，过程性考核的真实性和数据化得以提高，学生成绩更加透明化、可视化。

慕课平台在课程中的应用，丰富了测试的形式与特色，以跨境电商实务课程为例，测试可以穿插在教学视频的各个知识点的讲解后，为学生自我检验提供方便，大大提高了学习的深度与效果。高等院校学生普遍学习主动性不强，以多样态测试为抓手的智慧教学模式的应用，为教师节约课堂教学时间，减少作业批改的工作量，强化了学生自我学习的认知能力。其他形式的测试也可以采用学生互批、教师参与的模式，提高学生参与度和主人翁意识。

（三）以讨论区为自由提问的主要场所

讨论区作为慕课平台的重要组成部分，起着沟通与解惑的功能，将教室中的有限教学课时进行了延展。尤其对很多性格内向、没有主动参与到课堂讨论中的同学而言，该平台为他们开放了发表自己想法的功能。因为讨论可以通过匿名等模式进行，学生能及时解决课程学习过程中的问题，教师也方便及时解答，真正做到以学生为本。跨境电商实务作为一门实操性较强的专业课程，学生在课后操作中会随时遇到各类问题，慕课平台的讨论区板块以智慧化形式，让学生在交流合作中解决操作问题，也让教师及时掌握学生动态与知识难点，以便根据学生实际情况，调整教学内容与进度。

五、现代学徒制背景下基于房地产市场营销课程的教学模式

根据智慧课堂的特征，高等院校智慧课堂的应用应从学生需求的把握、共享教学资源的建设、教学模式的设计三个方面进行。

（一）基于学生需求应用智慧课堂

智慧课堂应用的对象是学生，与传统课堂相比最大的优势在于学生学习过程是智慧生成的过程。在智慧课堂应用中，应以学生的需求为立足点，提高智慧课堂教学的有效性。学生的需求是学习，高等院校要培养适应社会需要的高等技术应用型人才，不能仅局限于理论，还应结合今后的工作岗位。任务驱动教学法在高职教学中非常流行，而在智慧课堂的构建中，我们不仅要向学生传授理论的知识，还应在这个基础上引导学生思考，启发智慧。

以房地产市场营销课程为例，学生不仅要进行营销的理论知识学习，还要掌握一些具体技能，如在房地产市场营销环境分析教学中通过案例导入，运用头脑风暴法让学生自行讨论环境中对房地产营销能够产生影响的因素，起到发散学生思维的作用。学生讨论后，教师进行总结归纳，这样就使学生对理论知识点有了系统认识；在实践教学环节，房地产市场营销环境的分析需要学生会应用 SWOT 分析法，运用学习通把学生进行分组，给各小组分发房地产项目布置任务，完成任务后把结果提交给教师，每小组派代表解释在完成任务过程中的思路及自获得的启发。教师最后给予点评，把任务的完成情况计入期末总评成绩，这样既完成了教学目标，又让学生参与进来，自己分析问题、解决问题，启发学生

的思维，增长学生的智慧。

（二）注重共享教学资源的建设

在“互联网 +”的背景下，高等院校智慧课堂的应用离不开共享教学资源的建设。共享教学资源可以来自两个方面，一方面是教师对于所授课程共享资源的充实，如可建设在线精品课程或是课程的 MOOC 平台，上传课程的课件、电子教案、制作的教学视频、案例、习题等供学生自行学习下载；另一方面，教学资源可来自学生，学生在学习过程中完成的作业或完成任务获得的成果都可上传至课程共享平台或是班级 QQ 群供学生互相借鉴，不断提升。例如，在房地产市场营销课程的教学中，通过 MOOC 平台把课件、电子教案、制作的教学视频、案例、习题上传至平台，如房地产市场细分，学生先观看教学视频了解房地产市场定位的基本知识，结合案例对提出的房地产市场定位的问题进行讨论，最后再布置任务，让学生用所学知识分析给定房地产企业实施的是哪种定位点的策略，该策略是否有效，是否需要重新定位，如果需要该如何进行定位。学生完成任务提交任务成果，如 PPT 文档放在班级的 QQ 群，供学生互相学习。共享教学资源的建设是高职院校智慧课堂应用不可或缺的一个部分。

（三）设计有效的智慧课堂教学模式

参考智慧课堂的应用实践，高等院校的智慧课堂应用应从课前、课中、课后三个阶段进行。

1. 课前阶段

智慧课堂的“先学后教，以学定教”在这一阶段可以得到充分体现，教师应先掌握学情，然后有针对性地推送教学资源，满足学生个性化需求。在实际教学过程中如何操作呢？在房地产市场营销环境分析内容的教学中，上课前把房地产市场营销环境分析的涉及知识点以案例的形式上传课程网络平台并分小组给出任务，学生完成任务的过程就是学习新知识点的过程。教师可以通过平台提供的“访问统计”监测学生的课前学习情况。学生可通过课程平台“互动讨论”的功能互相学习、向教师提问，完成任务后提交成果。这时，教师可通过学生的提问和任务的完成情况掌握学情，然后有针对性地给予解决。对于在学生学习中的普遍问题，教师可以通过设计教学情景、结合微课资源或视频教学资源杜绝教学准备的盲目性。对于个别问题可借助 QQ 或平台留言等方式解决。应用智慧课堂要求教师课下做充分准备，采用丰富的教学手段启发学生，提高学生的学习兴趣。

2. 课中阶段

互动性是智慧课堂的重要特征，改变传统课堂的单一提问方式。一种情况是课上教师可先对新课知识点做简要阐述，再布置案例，如把学生分成小组，每组给出一个房地产项目，要求学生用 SWOT 分析法讨论完成。教师将案例分析主要运用的知识点在课程平台上进行展示，在完成过程中教师只起到指导、监控作用。学生对房地产项目的市场营销环

境分析用 SWOT 分析法完成后提交 PPT 文档，然后分小组进行演示讲解，再由其他同学和教师进行点评。所有小组讲解完毕后，教师进行总结归纳。整个教学过程以学生为主体，学生可以自主学习、探究，教师负责进行总结和提升。另一种情况，教师可以设计教学情景让学生体会学习，如学习房地产人员推销技巧时，学生在一些真实的工作场景下通过角色扮演体会销售的技巧方法。课上通过课程教学平台推送问题，让学生抢答或随机答提高参与度，调动学生积极性。

3. 课后阶段

课堂教学完成后，教师可在课程教学平台上发布课堂活动完成情况的评价结果，如把对各小组在课上完成的房地产项目 SWOT 分析矩阵评价结果进行公布，让学生及时了解自己的学习情况。一方面，可以继续在课程平台上推送与房地产市场营销环境分析相关的学习资源，让感兴趣的学生进一步学习提升；另一方面，可以让课堂活动完成较好的小组录制微课，使学生获得成就感，充实共享教学资源，为后续学生学习打下基础。布置作业，通过作业批改、平台答题情况的统计进一步了解学情。结合课前的学习、课堂活动的表现以及课后作业的完成情况得到学生的综合成绩。课程平台可以对成绩进行记录、分析，帮助教师在今后的教学中不断进行改进。

在“互联网 +”的背景下，高等院校智慧课堂的应用已成必然趋势，教师要及时转变观念，应用先进的信息技术打造智慧课堂，为学生创造良好的学习环境，引导学生自主学习，发展智慧。智慧课堂在应用中还有很多问题值得广大教师们研究、解决。

第三节　现代学徒制下的“双课堂”教学模式的应用案例

“双课堂”是学校教学课堂（理论学习 + 技能实训）与企业实践课堂（理论实践 + 实践技能）的统称。“双课堂”教学可以有效突破传统课堂的时空限制，而且支持多向、深度互动，支持跨班、跨校、跨区教学，支持分层教学、个性化教学，支持学生随时随地的小组合作学习、自主学习和探究性学习，可以实现传统环境下难以实现的参与式教学、个性化教学、优秀资源共享等。实例针对现代学徒制下的连锁经营管理专业课程教学改革提出“双课堂”的教学实施方式，通过确立双导师、双课堂，培养“双技”人才的培养理念与模式，以期为广西连锁行业培养出与区域经济发展适切的经营管理人才，提升服务北部湾经济区连锁零售业的水平。

一、现代学徒制下的双课程教学实施的要求和特点

现代学徒制体现了生产过程和学习过程相结合的课程实施模式，其核心是“工学结合”“做中学”的教学理念，在学制、学生培养和管理等方面都产生了变化，新的课程体系下对其课程教学设计的要求因而也体现出了明显的特征，主要表现在以下几个方面：

（一）课程教学设计和实施的保障是校企合作

现代学徒制的关键是“双主体育人”，要求将学校教师的教育指导和企业“师傅”的指导培训结合，互相配合对学生传授知识技能。这种模式尤其强调企业的介入和主导，强调企业“师傅”在“学徒”培养过程中的重要作用，甚至对企业“师傅”标准和任职条件提出要求。因此，课程教学计划和实施的最有力的保障便是良好的校企合作，双方共同负责培养。校企共同制订培养方案，共同设计专业课程标准、完成教学内容的计划和实施。

（二）课程教学重视综合职业能力的培养，帮助实现学校到就业的过渡

现代学徒制下的培养目标突破了具体岗位的专门知识与技能的要求，认为学生的职业能力是多种能力和品质的综合体现，是一种综合职业能力观，这使得现代学徒制的课程教学内容必须重视实践技能和职业关键能力的培养，按职业能力要求，创建、组织并实施新的教学模式。教学以专项能力的培养为中心展开，以综合能力的形成结束，能力的培养既是教学目标，又是评估的依据和标准，以此促进学生更好地实现从学校到企业的过渡。

（三）课程教学过程体现工作过程导向的课程观

学徒制以综合职业能力培养为中心，提倡工作过程导向的交替式职业学习和培训。学生除了要在学校学习理论知识，还要到企业接受培训，与企业签订学徒合同，企业安排师傅指导学生在真实工作场所接受技能培训。因此，在教学中，工作过程导向的学习情境十分重要，尤其是在企业，学生可以直接看到工作人员的工作过程并参与其中，这样学生才能够迅速获得进步，成为独立、熟练的劳动者。

（四）创新课程考核体系，实施双主体考核

课程教学过程以“双主体”模式培养学生的职业能力，那么对学生课程学习考核办法和评价标准也应该遵循这一思路和模式，实施双主体考核。可以将企业的评价标准引入考核体系之中，创新建立起由校企双主体实施地对学生课程学习的过程评价与结果评价相结合的评价标准和评价方法，使学生在学习知识、掌握技能的过程中按照真实的职业岗位评价标准和要求去进行操作、锻炼。

二、现代学徒制下双课堂教学设计和实施的难点

（一）教材编写难度较大

现代学徒制下，从教学内容和教学模式来看，课程都与传统课程教学存在着明显差

异，因此需要重新进行分配和编写，这就要求编写者不仅要了解相关理论知识和框架体系，还要对企业实际生产非常熟悉，而且企业的生产经营和技术、环境都在不断进步，这也要求教学内容要不断更新。

（二）缺乏深度校企合作支持，则无法推行“双主体”教学模式的持续开展

现代学徒制模式如果能得到企业高层认可后从运营和人力资源等层面去推行可以事半功倍。这类成功的校企合作经验是企业将这些“师傅”培养“学徒”的情况和效果纳入其工作考核内容之一，甚至与其晋升相挂钩，真正做出实效来。甚至有企业成立培训发展学院，将多位来自不同岗位的有帮带经验的“师傅”纳入企业讲师团，配合学校完成企业讲师的授课工作。

三、现代学徒制模式下连锁经营管理专业课程教学设计与实施

实例院校商学院连锁经营管理专业定位商超连锁企业，一直与南宁 TODAY 连锁便利店、北京华联超市、人人乐超市等企业进行合作，近年来通过依托现有的校企合作平台，将现有的学校和企业行业有限资源进行有效的整合，积极探索现代学徒制，促进校企联合培养人才。在现代学徒制模式下，我们需遵循课程的要求和特点，对课程教学设计和实施进行思考，以《连锁企业配送管理》课程为例，该课程是一门专业核心课程，也是一门实操性非常强的课程，按照现代学徒制思想，课程将由学院专任教师与聘请的校企合作企业的兼职教师（即企业“师傅”）承担，共同完成，课程为 54 课时，安排在第三学期开展学习。

（一）课程目标

《连锁企业配送管理》的课程目标是打破原有课程体系的知识框架，以配送管理工作过程为主线，以实践任务为载体，以职业能力培养为核心，基于配送作业的过程性实操结果为进行考核。从过去以教师讲授为主体，转向以教师讲授和企业师傅培训指导相结合、以学生学习 + 企业实训为主的学习模式，使学生通过真实的配送管理作业过程，获得相关知识、技能和职业素养三方面的有效提升，进而培养学生与社会、企业需求相适应的职业岗位能力和创新能力。

（二）教学内容设计与实施

教学内容设计的基本理念是以“综合职业能力培养为核心”，其设计思路是以“工作过程导向，任务驱动”为指导思想，课程教学内容着重考虑学生基于实践的配送管理能力的培养，主要按照配送工作的流程，将教学内容整合、序化到实践模块中，在每一个模块任务实际操作过程中涵盖、穿插相应的知识点，在教学中完成理论讲授、实践训练与企业工作实操。课堂教学实施顺序为：理论授课——课堂实践训练（考核）——企业工作实操（考核）。

（三）教学方式

1. 教学过程主体

改变过去以学校教师讲授为主体进行教学的方式，理论授课和课堂实训由学校教师主导，企业工作实操由企业“师傅”主导，同时让学生实际参与并置身于真实的工作环境之中，在“师傅”的指导下由学生自己承担真实的操作结果，提高了学生的学习动力和效果。具体做法是，学院开学之初将课程教学内容设计单发给企业，由企业根据相关模块内容，安排“师傅”介入课程教学，负责指导学生在企业的实践操作和评价考核。

2. 教学手段

采用“工作过程导向，任务驱动”的教学方式，主要围绕配送工作流程，以模块学习和实践来开展。学生除了要完成理论学习和课程实践，还要到企业参与实际配送工作任务，并以此作为考核，以实现知识和技能的有效结合。在企业的实践过程，也成为检验学习、反馈问题、掌握方法、寻求解答的场所。以盘点这一模块内容为例，学生在课堂上用 2 个课时完成理论学习和课堂实训，然后用 4 个课时在企业真实环境中完成企业盘点任务，企业“师傅”针对学生在盘点任务实操中出现的情况和问题进行具体指导。工作实践出真知，在企业“师傅”的指导下学习获得的知识、经验与技能，是更有效的教学方式，也让这类实务性课程真正落到实处。

（四）考核方式

实施双主体考核，将企业的评价标准引入课程考核体系之中。考核方案可以由学院和企业共同制订，建立“学业标准”与“学徒标准”相结合的评价考核体系。“学业标准”由学校教师针对学生学习过程和课堂实训结果进行考核评分，包括知识掌握、课堂实训项目结果考核、职业素质考核（个人参与度、团队配合度、考勤等）。“学徒标准”有企业进行考核评分，具体包括任务完成效率和效果、个人实际工作情况、职业素质（考勤、安全操作、团队配合）等，最终两个考核全部通过，成绩才算合格。

四、现代学徒制下高职连锁经营管理专业双课堂教学的管理

双课堂教学实施中的管理水平的高低决定了课堂效果的好坏。一方面，课程组织过程中的规范性、科学性是双课堂教学得以推行的基础；另一方面，教师协调、调控、整合双课堂教学的各种因素及其关系，使之形成一个有序、高效的整体，从而保证双课堂教学活动顺利进行的，是双课堂推行的重要条件。对此，我院在推动双课堂教学过程中，从课堂教学模式、教学内容管理、教学实施过程管理、教师教学设计等方面进行管理。

一方面，主动探索与新课程体系相适应的教学模式，建立体现项目（任务）课程工学结合特点的校企、师生互动的新型教学模式。加强信息技术与课程教学的整合，校企合作开发建设专业教学材料库，丰富电子教案、电子教材、训练题库等教学资源。九门课程负责人制订电子教材、训练题库等教学资源，制订“项目化、双课堂”人才培养模式的实施

计划，紧紧围绕“项目化、双课堂”人才培养模式，在“校中场、场中校”两个教学环境中，在“双导师”指导下实施“教学做一体化”教学。课程负责教师做好企业课堂教学内容方案设计和实施过程手册。实施完毕后收集总结、学习体会、录像、照片等资料。

另一方面，加强教学课堂实施过程的管理。每门专业核心课程都划分成若干项目（任务），每个项目（任务）占不同的比重。评价主要从课堂考勤、课堂与团队表现、计划单填写情况、作业单完成情况、学习过程情况、成果汇报与表达情况、实践操作情况等方面进行，每个部分赋予一定的分数，每个部分都有具体的评价指标。评价分学生自评、组员评、组长评、教师评（在企业项目，企业指导教师负责），每部分评价占不同的权重。通过校企双方评价、过程与结果评价、理论与实践评价、自我与他人评价、专业能力与社会能力的评价，不断完善企业课堂教学过程。

五、翻转课堂教学模式在市场营销专业教学中的应用

以翻转课堂教学模式作为主要的教学方法工具，对其在营销专业教学中的应用进行讨论。

（一）翻转课堂教学模式应用的研究现状

翻转课堂教学实践在 2007 年起源于美国，于 2012 年引入中国，在教育界和学术界引起反响。郑娅峰（2015）等采用共词分析、聚类分析以及可视化技术梳理了当前国际翻转课堂的研究现状，提出国际上翻转课堂的研究主题多集中在教学研究、应用研究、技术实现等方面。杨红云（2016）等通过文献计量方法系统分析了近十五年国内外翻转课堂的研究状况，认为关于翻转课堂主题的研究热度将持续，且理论与实践研究并重。缪静敏（2015）等通过对一线教师的调查发现，国内的翻转课堂实践还处于发展初期，翻转课堂教学模式可作为激发学生学习动机、提升学习体验的有效方式。胡春（2017）等开发了翻转课堂教学模式对学生发展影响的量表，将翻转课堂教学模式对学生发展的影响效果进行了评价，认为翻转课堂教学模式能够提高学生的发展能力，且对学生合作交流能力发展的正向效果优于对核心学习能力发展的正向效果。

回顾现有的研究成果，可以看到虽然翻转课堂引入我国的时间不算太长，但是已经有了一定的研究成果。但是现有的研究成果主要集中在翻转课堂整体应用的宏观层面以及针对某一门课程进行翻转课堂的课程设计微观层面，缺少针对某一专业翻转课堂教学模式应用的中观层面研究，因此，本文拟将翻转课堂教学模式引入市场营销专业教学，对于如何通过翻转课堂模式提升市场营销专业教学与实际市场需求的契合度展开讨论。

（二）市场营销专业教学的翻转课堂提升模型

1. 市场营销专业的人才培养目标

各大高校对市场营销专业人才培养目标的表述不尽相同，但是其核心仍然是一致的，分别为：

（1）具备扎实的专业基础知识。

（2）拥有灵活的跨界思维。

（3）具备解决营销实际问题的能力。

因此，市场营销专业翻转课堂提升模型将围绕这三个核心点进行设计，重点解决这三类核心能力提升的问题。

2. 翻转课堂的基本环节

与传统教学过程中的“先教后学”——教师在课堂中首先讲授知识内容，再通过学生课后训练完成知识内化的过程不同，翻转课堂的基本环节可以总结为“先学后教”——知识传授通过信息技术的辅助在课后完成，知识内化则在课堂中经教师的帮助与同学的协助而完成，从而形成翻转课堂。具体而言，翻转课堂包括问题引导、问题解决、效果评析三个基本环节。

3. 市场营销专业翻转课堂提升模型

设计市场营销专业翻转课堂教学提升模型如图 9-1 所示，由三大部分组成。

（1）根据市场营销专业培养目标确定知识传授、思维培养、能力提升三大核心技能所包括的各项课程，在本部分将现有的市场营销专业的公共基础课、必修课、选修课进行分类，确定哪些课程的侧重点属于构建基础知识的，哪些课程的侧重点在于跨界思维的培养或技能提升训练。

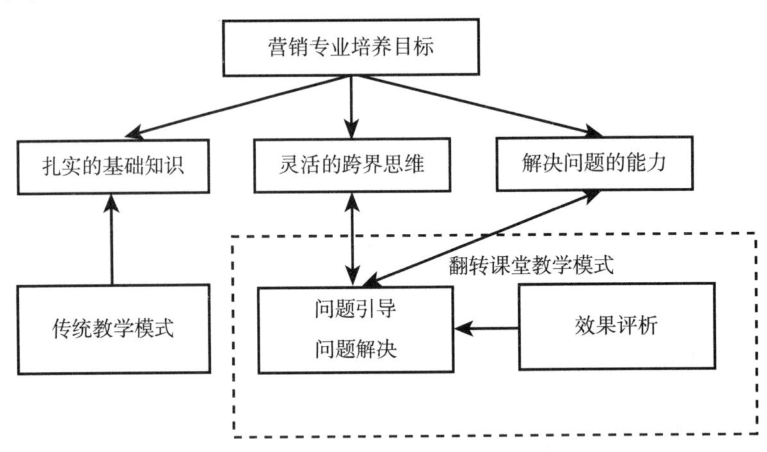

图 9-1　市场营销专业翻转课堂教学提升模型

（2）对于侧重点属于基础知识构建的课程，运用传统的课堂教学模式，将成理论体系的知识传授给学生，并通过闭卷考试等常规测试方式来确定学生是否牢固掌握了基础知识。同时，利用传统教学模式为学生构建一个科学的市场营销知识体系，为翻转课堂教学模式的实施构建足够的基础知识支撑。

（3）对于侧重点属于思维培养或技能提升的课程，采用翻转课堂教学模式提升市场营销专业学生的学习效果和实践能力。市场营销专业翻转课堂教学模式的实施由问题引导、问题解决和效果评析三方面构成。

1）问题引导环节，教师以学生已有的市场营销知识为基础，提出与后续知识紧密相关的关键问题，并将相应的课堂教学微视频发放给学生，学生在课外观看教学视频，回答教师提出的关键问题，并且将自己不能解决的问题及时反馈给教师，教师对收集到的问题进行分析归类，提前做好引导准备；

2）问题解决环节，教师通过教学设计将分析归类的问题在课堂上组织学生进行互动和交流，并进一步反馈学习情况，促使这些问题得以解决；

3）效果评析环节，教师组织项目演示、小组评分等多种课堂测验形式对学生的学习效果进行检验，以保证学生达到学习效果，使其思维能力和实践能力都得到足够的提升。

（三）翻转课堂提升模型实施中应注意的问题

1. 科学划分课程分类

市场营销专业翻转课堂提升模型的实施是建立在对课程授课侧重点科学分类的基础上进行的。因此，采用本模型的高校必须依靠相关教师的智慧和经验对构成市场营销专业的课程进行科学分类。

2. 构建完善的翻转课堂教学内容体系

翻转课堂是对传统课堂做一个全新设计。开课之前，教师可引导学生观看教学视频，加强沟通；课堂之中，学生可以对自我学习状况进行快速的检验，并解决重点、难点，形成知识内化；最后，教师可引导学生进行多元化的考查、总结和反馈。此外，市场营销专业需成立翻转课堂教学小组，集合骨干教师培训，提升教师专业能力。以小班教学为试点，开展翻转课堂教学模式的试验，在摸索中提升教学改革效果。

3. 充分发挥学生的主体地位

翻转课堂的教学活动的重点就是培养学生的自主能力，发挥学生的主观能动性。教师要注重学生交流模块的设计，可以采用建设网络平台留言板、谈论区的方法，体现翻转课堂的教学趣味性，激发学生之间、师生之间的交流与合作，形成学生之间的全方位自主交互模式，真正发挥出翻转课堂的效果。

第四节　现代学徒制下的企业组合模式的典型案例

实例以商丘职业技术学院市场营销专业实践课程体系构建为切入点，分析其基于现代学徒制理念的“三步递进式”专业实践课程体系，并从制度保障、考核评价体系、实践教学平台体系等方面进行分析，以期为高职院校专业实践课程改革提供借鉴。

一、基于现代学徒制理念的高等职业院校市场营销专业实践课程体系构建背景

商丘职业技术学院是首批国家示范性高等职业院校、河南省高水平高等职业院校、河南省教育厅首批应用型本科教育试点院校、“商丘市地方政府促进高等职业教育发展综合改革试点建设项目”主体院校，一直致力于专业建设和课程改革，目前，拥有国家示范专业 9 个，国家重点专业 6 个；省特色专业 4 个，省综合改革试点专业 6 个；国家精品资源共享课 1 门，国家精品课程 5 门，省级精品课程 24 门等，在高职教育中起到引领示范作用。

近年来，基于创新创业教育发展要求，商丘职业技术学院从最初的设立单一创业基础课程，到顶层设计、制度建设，再到全面推行“双创”理念的人才培养模式改革等方面，做了大量的尝试与改革。

2020 年 9 月，教育部等九部门在印发的《职业教育提质培优行动计划（2020—2023 年）》中提出，“扎实推进中国特色高水平高职学校和专业建设计划”“遴选省域高水平高职学校和高水平专业群”。

作为落实《国家职业教育改革实施方案》的重大项目，产教融合、实践教学改革是“双高计划”的重点建设任务。实践教学是学生应用理论知识解决实际问题最直接、最主要的方式，是培养学生创新能力和创业技能的重要环节。

因此，把“双创”型人才培养融入专业实践教学中，研究构建基于“双创”理念的高职院校实践课程体系不仅是“双高计划”的要求，也是“互联网 +”时代对高职教育的必然需求。

二、基于现代学徒制理念的高等职业院校市场营销专业实践课程体系的构建思路

现代学徒制模式下的高职院校专业实践教学体系应以社会发展、企业需求为逻辑起点，既符合行业发展的趋势，又能满足社会、企事业单位的需求，同时还要兼顾高职院校学生的学情状况、发展特点；既满足学生就业、创业的需要，重视对学生专业实践能力的训练，又关注学生长远发展的需要，注重学生职业综合素质的培养；既重视创业教育等显性教育对学生的培养，又重视创新思维等隐性教育对学生的影响。

基于上述思想，结合商丘职业技术学院市场营销专业实践教学体系的现状，形成基于“双创”理念的高等职业院校市场营销专业实践课程体系的构建思路，如图 9-2 所示。

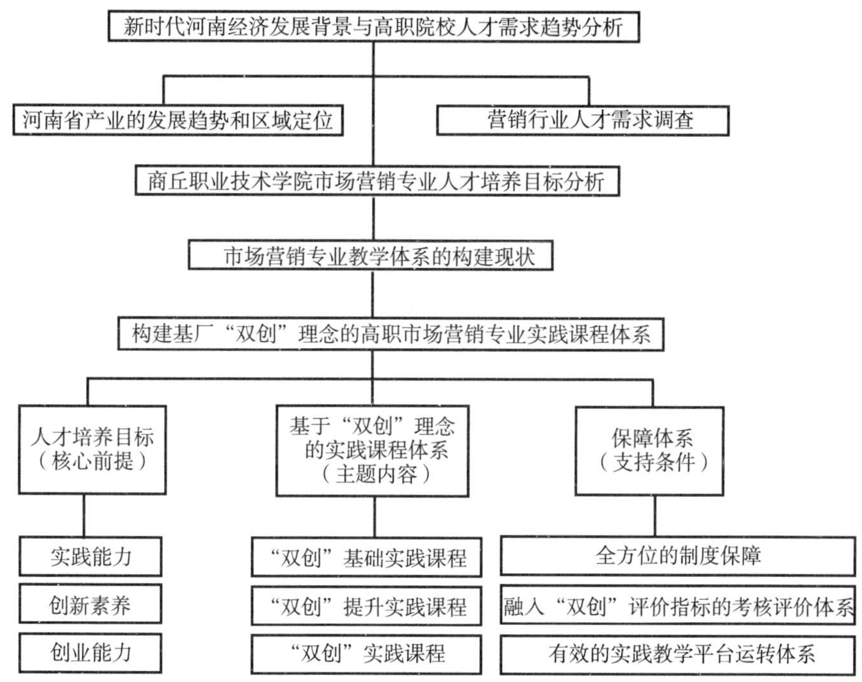

图 9-2　基于“双创”理念的高等职业院校市场营销专业实践课程体系的构建思路

三、基于现代学徒制理念的高等职业院校市场营销专业培养目标的确定

商丘职业技术学院于 2006 年开设市场营销专业，2007 年，该专业被确定为国家示范建设项目重点建设专业。市场营销专业紧紧抓住示范建设的契机，根据高职高专教育的特点，结合区域经济发展人才需求现状，把人才培养目标定位为适应于河南区域经济发展需要，具有良好的职业道德，必需的文化科学知识，专业的营销素养，具备现代营销理念，能够运用现代营销理论，独立进行相关营销活动，能够胜任现代企业经营、促销、策划、管理等相关工作的高等技术应用型专门人才。在该目标的指导下，市场营销专业在过去的十年里培养了一大批社会需要的专业性技术人才。

根据商丘职业技术学院的区域位置特点，市场营销专业将培养目标定位为服务河南区域经济发展的营销类高技能专业人才。近年来，随着河南经济的快速发展，对于河南中原城市群、内陆开放高地、航空港、跨境贸易电子商务服务试点等一系列定位的描述，也为河南带来无限机遇和美好前景，而在这个过程中，固有的市场营销专业人才培养目标依然不能满足当前需要。

同时，随着我国经济的转型发展和供给侧结构性改革的需求，我国已把“大众创业，万众创新”上升为国家战略，这既是国家发展的需求，也是高职院校服务于地方经济发展的责任。因此，市场营销专业适时调整培养目标，把实践能力、创新素养、创业潜能纳入培养目标中，并将人才培养目标调整为德、智、体、美、劳全面发展，思想政治坚定的；

具有一定的文化科学知识，良好的职业道德、人文素养；具有较强的创新意识，精益求精的工匠精神，创业能力；掌握相关专业知识和技能，面向现代商业企业，能够从事相关产品销售、营销活动组织、品牌推广、销售管理、客户关系管理、市场调查与分析、创业策划与执行、网店销售与运营等的高素质技术技能型人才。

四、构建基于现代学徒制理念的“三步递进式”高等职业院校市场营销专业实践课程体系

市场营销专业在明确培养目标后，依据培养目标，细化市场营销能力目标，依据能力目标，构建市场营销专业课程体系。通过分析创新创业教育与专业教育的割裂状态，商丘职业技术学院对市场营销专业基于“双创”理念的实践教学体系构建有了清晰的思路，形成的思维导图，如图 9-3 所示。

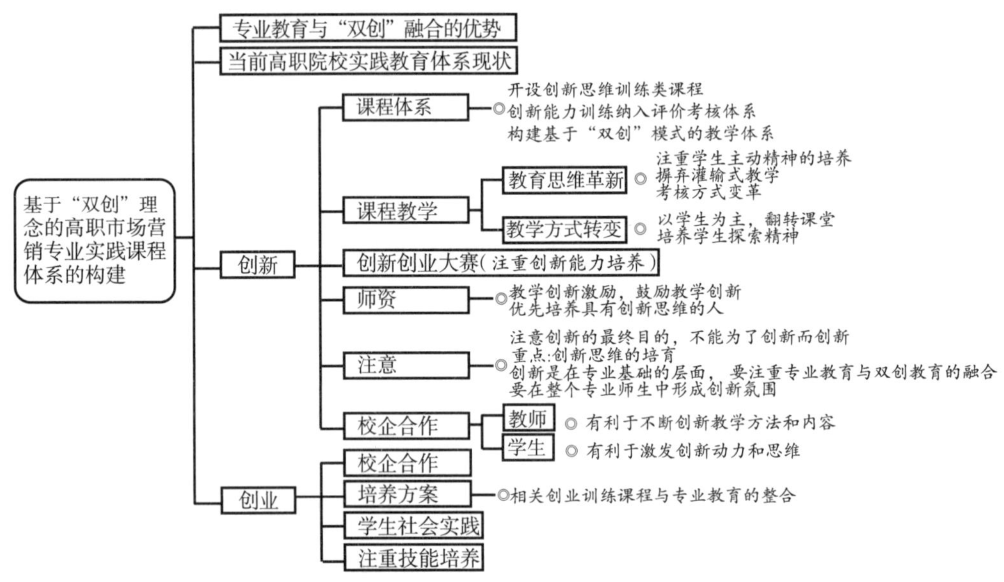

图 9–3　基于“双创”理念的高等职业院校市场营销专业实践课程体系构建思维导图

至此，市场营销专业初步形成“三步递进式”创新创业实践课程体系，充分考虑了高职院校学生的学习能力特点，将创新创业理念贯穿于整个实践教学体系，第一步，双创理念的导入（“双创”基础实践课程）；第二步，双创意识的形成及双创技能的提升（“双创”提升实践课程）；第三步，学生创业孵化（“双创”实战课程）。三步之间形成逻辑性递进，既兼顾了创新创业知识的逻辑与属性，也符合学生发展需求与规律，充分尊重了高职院校学生主体性的特点。

（一）“双创”基础实践课程基础

实践课程对于市场营销专业而言，不仅具备应用知识、发展思维、完成日常工作所需的基本原理和方法，而且要融入科学艺术、创新创业、德育教育等知识。因此，在基础实

践课程设计中，把“双创”理念融入课程的实训项目，根植于营销专业整个课程培养体系，以增强学生未来就业、创业的可持续发展能力。

具体如表 9-1 所示。

表 9-1　“双创”基础实践课程、实训项目、课时安排一览表（部分）

序号	课程名称	实训项目	所在学期 / 实训课时
1	大学生创新创业基础	梦想企业之旅	第一学期 /16 课时
2	商务写作	撰写商务报告、文书	第一学期 /20 课时
3	计算机应用基础	机房上机实训	第一学期 /34 课时
4	商务英语（口语与听力）	推销我的产品	第二学期 /32 课时
5	现代商业经济学	当代经济热点辨析	第二学期 /18 课时
6	商品学基础与实务	商品推介	第二学期 /30 课时
7	商务与礼仪	礼仪情景模拟实训	第三学期 /36 课时（必修课）
8	管理技巧与实务	今天我是经理	
9	公共关系事务	网点的一次危机公关	第三学期 /16 课时

（二）“双创”提升实践课程市场营销专业

在构建实践课程体系中，根据高职院校学生的特点，把整个实践内容融入理论教学，让学生真正做到“学中做、做中学”。除了“双创”基础实践课程外，专业实践课程更是培养学生创新创业能力的核心内容。因此，在专业实践课程的实训设计中，更是以创新创业理念为核心，细化到每一个实训项目中，具体如表 9-2 所示。

表 9-2　“双创”提升实践课程、实训项目、课时安排一览表（部分）

序号	课程名称	实训项目	所在学期 / 实训课时
1	市场营销务实	商品展销会	第二学期 /36 课时
2	消费行为与心理分析	心灵之旅	第二学期 /36 课时
3	市场调查与分析	我的商圈分析	第三学期 /36 课时
4	推销与谈判	模拟商务谈判	第三学期 /36 学时
5	网络营销与推广	网络营销员	第四学期 /36 学时
6	销售管理务实	销售经理的成长	第四学期 /36 学时
7	营销策划务实	网点策划案	第五学期 /60 学时
8	广告务实	广告设计与制作	第五学期 /60 学时
9	市场营销技能实训	ERP 沙盘	第五学期 /60 学时
10	门店管理务实	我的门店运营	第四学期 /36 学期（选修课）
11	农产品营销	农家产品走出去	第四学期 /36 学时（选修课）
12	新媒体营销与运营	新媒体营销实训	第四学期 /36 学时（选修课）

（三）“双创”实战课程

通过前两个阶段的学习，学生已初步掌握创新创业的基本理论和技能，其创新创业能力、创新精神都有了一定基础，在下个阶段，学生将进入一个全新的、真实场景的实战平台。市场营销专业在第五、第六学期为学生提供了创业实战、模拟创业、个人创业项目等一系列“双创”实战课程，全方位提升学生的创新创业能力，具体如表 9-3 所示。

表 9-3　“双创”实战课程、实训项目、课时安排一览表

序号	课程名称	实训项目	所在学期 / 实训课时
1	创业实战实训	双 11 实战实习	第五学期 /320 课时
2	就业与创业指导	我的模拟公司	第六学期 /60 课时
3	创新创业实践	个人创业项目（顶岗实习）	第六学期

五、基于现代学徒制理念的高等职业院校市场营销专业实践课程体系保障系统的确立

（一）全方位的制度保障

为全面推进基于现代学徒制理念的专业建设和课程改革，商丘职业技术学院在顶层设计、制度建设方面做了大量的工作，成立创新创业教育工作机构，专门制订了《商丘职业技术学院关于进一步加强大学生创新创业教育工作的实施意见》等文件。

1. 在教师层面

教师是专业建设、课程体系改革以及课程教学的实施者。为大力推进专业建设和课程体系改革，调动教师积极性，商丘职业技术学院制订了《创新创业师资队伍实施细则》《创新创业师资认定与培养实施细则》《商丘职业技术学院创新创业活动辅导教师课时计算与补助实施细则》《商丘职业技术学院创新创业教育工作绩效考核管理办法》《商丘职业技术学院创业兼职教师管理办法》等文件。

2. 在学生层面

学生是实践课程体系运转的主体。创新难度大，创业有风险，为激励学生积极地参与创新创业的各实践教学环节，商丘职业技术学院制订了《创业兴趣班与创业精英班遴选实施办法》《商丘职业技术学院学生创新创业活动学分替代实施办法》《商丘职业技术学院大学生创新创业项目资助经费管理办法》等文件。这不仅鼓舞了学生士气，又提升了学生参与热情。在双创竞赛层面，商丘职业技术学院以各类创新创业大赛为切入点，积极推进“双创”理念在专业建设中的融入，制订了“院系联动、全面支持”的大赛参与模式。同时，通过制订《商丘职业技术学院大学生创新创业大赛奖励办法》《商丘职业技术学院大学生创新创业竞赛实施细则》《商丘职业技术学院创业项目评审管理办法》《商丘职业技术学院创新创业训练计划项目管理办法》等规章制度，营造了积极的竞赛氛围。

除此之外，商丘职业技术学院出台了《大学生创业园管理办法》《商丘职业技术学院创业项目入园评审管理办法》《商丘职业技术学院创新创业暂行管理办法》等办法，从而在制度层面全方位地保障基于“双创”理念的专业实践课程体系的运行。

（二）融入“双创”评价指标的考核评价体系

1. 考评方式呈现多样化、灵活化新考评方式

打破传统的理论笔试模式，采用以培养学生创新精神养成和创业能力提升为目的的多样化考评方式。该考评方式按照具体教学内容，采用模拟演练、实践操作、案例分析、项目实施、调查报告、活动总结、演讲辩论等形式，灵活、多样地综合评定学生能力。

2. 考评体系凸显对学生“双创”能力的评价指标

在考评体系设计中，融入对学生创新素养和创业潜质的考评内容，除考核学生的专业知识及能力外，着重考核学生运用专业知识解决实际问题的能力，突出专业技能和创新素养的评价。同时，考评体系注重过程考核，把项目活动、任务作业等纳入考评体系中，能够真正评定学生的实际操作能力。

此外，把学生自主创业项目、各级创新创业大赛成绩以学分转换的方式计入学生考核成绩中。

3. 考核标准突出“创新素养、创业潜质”的教学要求

把培养学生的创新素养、创业潜质纳入课程考核标准，在项目考核、任务评价中，把创新性、合作精神、沟通能力等软指标细化到考核指标中，真正把对学生“双创”能力的培养体现到专业教学要求中。

（三）多层次实践教学平台体系

实践教学的顺利进行得益于各实践教学平台的物质保障。

商丘职业技术学院市场营销专业近年采用“走出去，请进来”的方式，不断完善、加强各实践教学平台，目前，已形成“五位一体”的多层次实践教学平台体系。

1. 校内仿真实训平台

将创新创业理念融入市场营销专业人才培养的计划，需要将“双创”理念根植入各个实践课程教学内容中，这就要求在实践教学中设置相应的创新创业模块或创新创业实训项目，而保障这些实践教学得以顺利实施的，则是先进的校内仿真实训平台。目前，商丘职业技术学院市场营销专业设有推销与商务谈判实训室、市场营销策划中心、商品鉴定实训室、市场营销运营技能（沙盘）室以及两个标准化机房，并配有相关系列实训软件，能够完全满足学生商品鉴定、模拟商务谈判、沙盘推演、商务礼仪、市场调研等实践课程的实习实训。

2. 校园营销公司创业平台

为培养学生创业能力和独立经营能力，经学院批准，在市场营销教研室的领导下，2007 年，市场营销专业学生自发组建了一家校园学生商业公司——商丘职业技术学院校园营销公司。公司本着“创新营销，服务全院，努力开拓，挑战未来”的宗旨为全院师生服务，目前已成为商丘职业技术学院创新创业学生社团的风向标。校园营销公司主要承接校内外各种商业活动、商品代理销售、大学生兼职服务等业务。公司成立至今，与中国移

动公司、中国联通公司、宝洁商丘市分公司、统一商丘分公司、纳爱斯商丘市分公司、九阳商丘市分公司、北京今日英才有限公司等保持着长期合作关系，已经建立了颇为广泛的社会关系网络，成为营销专业学生创新、创业、实习、实践的一个重要平台。

3.商丘职业技术学院大学生创新创业平台

商丘职业技术学院为鼓励学生创新创业，除了出台一系列激励政策外，还建立了商丘职业技术学院大学生创新创业平台，为学生提供硬件（办公场地、办公桌椅、电脑等）、启动资金、创业融资等支持，同时还聘请商丘市大学生创业园专家、企业家进行创新创业系列讲座，以真实的案例激励学生进行创新创业实践。

4.创新创业园平台

商丘职业技术学院为了给学生提供更真实的创业体验，设立了创新创业园，吸引企业入驻，为学生搭建创新创业平台。目前，商丘市邮政速递公司、商丘市安奇乐易商业连锁发展有限公司等企业和市场营销专业已联合商丘市市场营销协会等社会组织，深度挖掘商丘区域特色产品，开展脱贫攻坚项目，并给予一定的场地和资金支持，在产业园内孵化学生的创业项目。目前，创新创业园平台已成为市场营销专业学生开展创业实战、个人创业项目的最有力的平台。

5.企业顶岗实习平台

市场营销专业目前已经和省内外十几家规模大、技术先进、效益突出的大中型企业建立紧密型校企合作关系，如安奇乐易商业连锁发展有限公司、网通公司等。这些企业通过投资购买或捐赠仪器、设备等方式，参与专业实验室建设，并定期选派资深经理人或高层主管作为兼职教师或专家顾问到学校上课、开讲座、做报告。同时，专业骨干教师也通过市场营销企划中心的项目运作，协助企业解决经营管理课题，承担企业职工的岗前、岗位和转岗培训，进行新产品上市推广策划，为学生实践性教学提供真实场景，培养学生实践操作能力和创新意识，为学生未来创业奠定实践基础。

参考文献

[1] 傅兰．基于现代学徒制的高职混合式教学模式的构建——以《市场营销实务》为例 [J]. 劳动保障世界，2019（36）：75.

[2] 卢芬，吴进．“互联网 +”形态下的高职课堂创新实践——以市场营销实务为例 [J]. 产业与科技论坛，2017，16（12）：140-141.

[3] 肖凤翔，陈凤英．校企合作的困境与出路——基于新制度主义的视角 [J]. 江苏高教，2019（2）：35-40.

[4] 濮海慧，徐国庆．我国产业形态与现代学徒制的互动关系研究——基于企业专家陈述的实证分析 [J]. 华东师范大学学报（教育科学版），2018（1）：112-118.

[5] 童丽，陈镇杰．产教融合协同育人何以见成效？——基于组织承诺框架的分析 [J]. 中国职业技术教育，2019（6）：58-65.

[6] 赵善庆．基于企业主体的现代学徒制人才培养模式研究 [J]. 实验室研究与探索，2018，37（7）：251-255.

[7] 夏侯珺．高职院校现代学徒制试点的困境及出路探讨 [J]. 大学教育，2019（6）：160-162.

[8] 褚建伟．现代学徒制环境制度研究 [J]. 职教论坛，2019（4）：15-19.

[9] 张婷婷．政府视角下高职院校校企合作深化探究 [J]. 教育与职业，2019（10）：49-51.

[10] 姚东伟．现代学徒制人才培养实现路径研究 [J]. 南通职业大学学报，2019（1）：19-22.

[11] 黄苹．现代学徒制改革的支撑环境建设 [J]. 职业技术教育，2016（27）：21-25.

[12] 陈千诰，余江霞．高职连锁经营管理专业现代学徒制人才培养模式实践研究 [J]. 湖北工业职业技术学院学报，2016（4）.

[13] 姜绍忠．现代学徒制试点实施过程中的学校、企业互动模式研究 [J]. 现代职业教育，2016（9）.

[14] 李术蕊．以企业为主导深度探索现代学徒制——访深圳百果园实业发展有限公司校企合作总监熊自先 [J]. 中国职业技术教育，2016（11）.

[15] 李政．职业教育现代学徒制的价值审视——基于技术技能人才知识结构变迁的分析 [J]. 华东师范大学学报：教育科学版，2017（1）.

[16] 李玉静 . 实现互动融合式的校企合作国外学徒制发展的经验与启示 [J]. 职业技术教育，2011，32（18）：68-71.

[17] 崔铁刚 . 新中国学徒制演变的制度分析 [J]. 职教论坛，2012（10）：77-81.

[18] 阙明坤 . 以供给侧改革促民办教育消费升级 [N]. 人民政协报，2015：12-9.

[19] 杨师缘 . 新中国成立以来我国学徒制政策内容演变研究 [J]. 辽宁高职学报，2016，18（4）：1-4.

[20] 李梦卿，王若言，罗莉 . 现代学徒制的中国本土化探索与实践 [J]. 职教论坛，2015（1）：76-81.

[21] 关晶 . 西方学徒制研究—兼论对我国职业教育的借鉴 [D]. 上海：华东师范大学，2010.

[22] 赵志群，陈俊兰 . 我国职业教育学徒制——历史、现状与展望 [J]. 中国职业技术教育，2013（18）：9-13.

[23] 李玉静 . 实现互动融合式的校企合作国外学徒制发展的经验与启示 [J]. 职业技术教育，2011，32（18）：68-71.

[24] 胡秀锦 ."现代学徒制"人才培养模式研究 [J]. 河北师范大学学报：教育科学版，2009，11（3）：97-103.

[25] 杜召强 . 职教"供给侧"改革与"互联网 + 教育"[N]. 现代物流报，2015：12-01（A08）.

[26] 程宇 . 我国现代学徒制的政策发展轨迹与实现路径 [J]. 职业技术教育，2015，36（9）：28-32.

[27] 侯雪梅 . 我国职业教育现代学徒制研究综述 [J]. 长沙航空职业技术学院学报，2015，15（2）：1-4.

[28] 柳友荣 . 也应重视高等教育的"供给侧"改革 [N]. 中国教育报，2015：12-14.

[29] 杜广平 . 我国现代学徒制内涵解析和制度分析 [J]. 中国职业技术教育，2014（30）：88-91.

[30] 王星 . 技能形成的社会建构德国学徒制现代化转型的社会学分析 [J]. 社会，2015，35（1）：184-205.

[31] 李炫林 . 高等职业院校市场营销人才"工匠精神"培养研究 [J]. 现代商贸工业，2019，4006：72.

[32] 肖定菊 . 双创时代高等职业院校市场营销专业学生工匠精神培育路径探析 [J]. 农村经济与科技，2019，3010：233-234.

[33] 陆璟 . 弘扬工匠精神提升职业教育认同——以江西外语外贸职业学院为例 [J]. 广西教育学院学报，2019，3：112-116.

[34] 杨晓东 . 基于网络视域下工匠精神助力高职院校德育优化探讨 [J]. 佳木斯职业学

院学报，2019，7：270-271.

[35] 朱梅娟 . 中职校商共建现代学徒制人才培养模式探索 [D]. 广东技术师范学院，2016.

[36] 朱旭旭，倪海亮 . 现代学徒制人才培养模式理论与实践研究——以绵阳职业技术学院为例 [J]. 顺德职业技术学院学报，2018，16（3）：30-34+60.

[37] 李菁，顾东升，鞠克强 . “现代学徒制”人才培养模式在我国公安院校中的应用研究 [J]. 上海公安高等专科学校学报，2018，28（2）：79-88.

[38] 崔钰婷，杨斌 . 我国现代学徒制人才培养模式综述及反思 [J]. 当代职业教育，2018（2）：71-78.

[39] 朱静然 . 高职商科专业现代学徒制人才培养模式研究 [D]. 浙江工业大学，2016.

[40] 刘彦华，杜建根 . 基于现代学徒制的“职业梯”人才培养模式探索与研究 [J]. 中国职业技术教育，2018（3）：94-96.

[41] 楼巧玲 . 现代学徒制人才培养模式探析——以义乌工商职业技术学院物流管理专业为例 [J]. 现代商业，2018（2）：240-241.

[42] 李艳华 . “校校企”三方联合育人的现代学徒制探索与实践——以唐山职业技术学院为例 [J]. 时代农机，2018，45（1）：235，237.

[43] 周柳 . 基于利益相关者视角的现代学徒制研究 [D]. 广东技术师范学院，2016.

[44] 何永林 . 深化现代学徒制改革提升新时代教育服务能力 [N]. 江苏教育报，2018：08-10（2）.

[45] 黄君君 . 中英职业教育现代学徒制的比较研究 [D]. 东南大学，2017.

[46] 徐倩 . 基于“现代学徒制”下高职艺术设计教育“双导师制”的创新研究与探索 [A]. 辽宁省高等教育学会 . 辽宁省高等教育学会 2016 年学术年会暨第七届中青年学者论坛三等奖论文集 [C]. 辽宁省高等教育学会，2016：9.

[47] 陈小婷 . 英国、瑞士现代学徒制比较研究 [D]. 西北师范大学，2016.

[48] 何承旺 . 现代师徒制在中等职业学校的建构研究 [D]. 福建师范大学，2016.

[49] 李祥 . 现代学徒制模式下高职学生管理工作研究 [J]. 教育探索，2015（8）：52-54.

[50] 何丽萍 . 现代学徒制人才培养模式在旅游管理等专业中的应用 [J]. 旅游纵览（下半月），2015（4）：279-281.

[51] 单艳芬，林春 . 基于校中厂平台的现代学徒制人才培养实践——以常州刘国钧高等职业技术学校为例 [J]. 职教通讯，2014（32）：12-14.

[52] 李爱燕 . 英国学徒制培训体系研究 [D]. 天津大学，2014.

[53] 杨延 . 应用现代学徒制培养高端制造业急需人才 [N]. 中国教育报，2014-10-17（4）.

[54] 关晶 . 西方学徒制研究 [D]. 华东师范大学，2010.

[55] 高丽 . 英国高技能人才培养政策研究 [D]. 华东师范大学，2005.

[56] 徐立平 . 汽车检测与维修专业现代学徒制实践与探索 [J]. 辽宁高职学报，2018，20（7）：74-77.

[57] 王晓飞 . 基于现代学徒制的高职汽车营销与服务专业课程体系构建——以辽宁机电职业技术学院为例 [J]. 岳阳职业技术学院学报，2019，34（3）：16-20.

[58] 陈勇，任小鸿，周晶 . 师徒制在汽车营销专业岗位实训中的应用 [J]. 科技与创新，2020，155（11）：138-139+141.

[59] 李彦晶，张亚萍，包尔慨，等 . 应用型高校校外实习基地建设与运行策略研究——以汽车类专业为例 [J]. 大学教育，2020，（5）：71-73.

[60] 杨乾乾，刘继明 . 浅析渤海理工职业学院培养的汽车营销专业学生应具备的素质 [J]. 亚太教育，2015，（21）：248.

[61] 李秋琴 . 基于现代学徒制的汽车营销与服务专业课程体系的构建 [J]. 商情，2018，（40）：45-46.

[62] 朱小燕 . 汽车营销专业现代学徒制培养模式探讨 [J]. 科学大众：科学教育，2018，（12）：110.